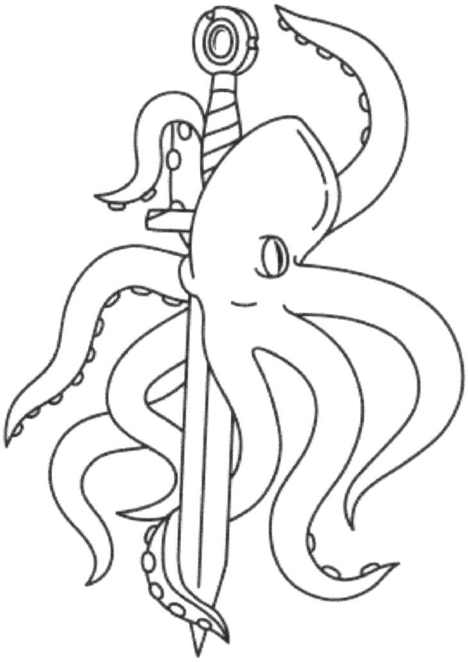

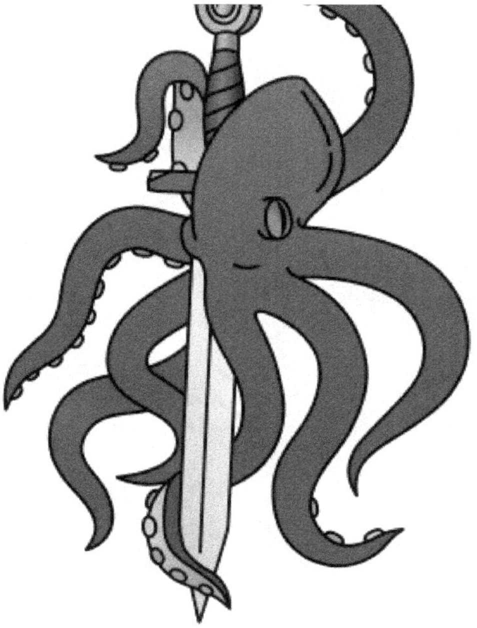

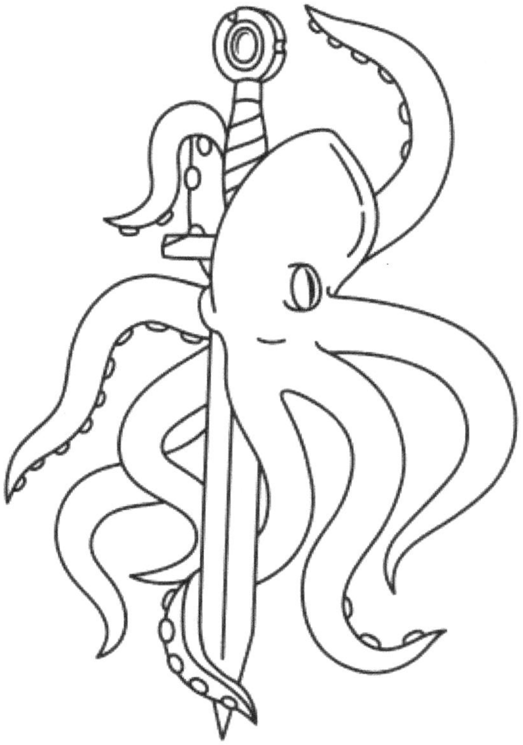

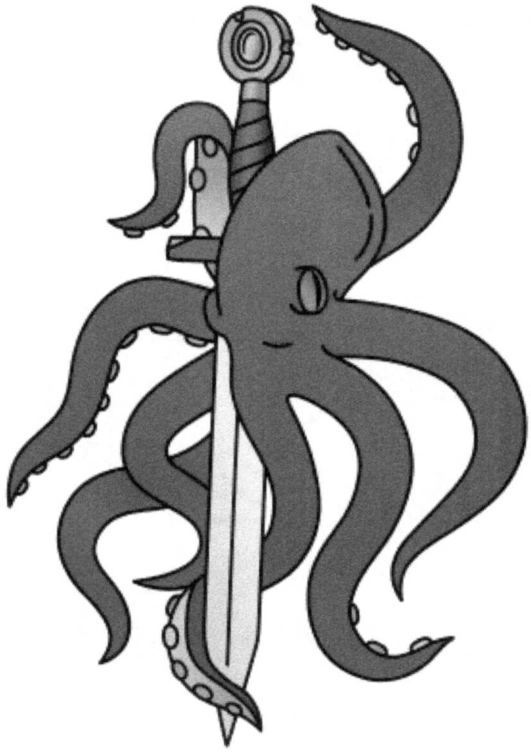

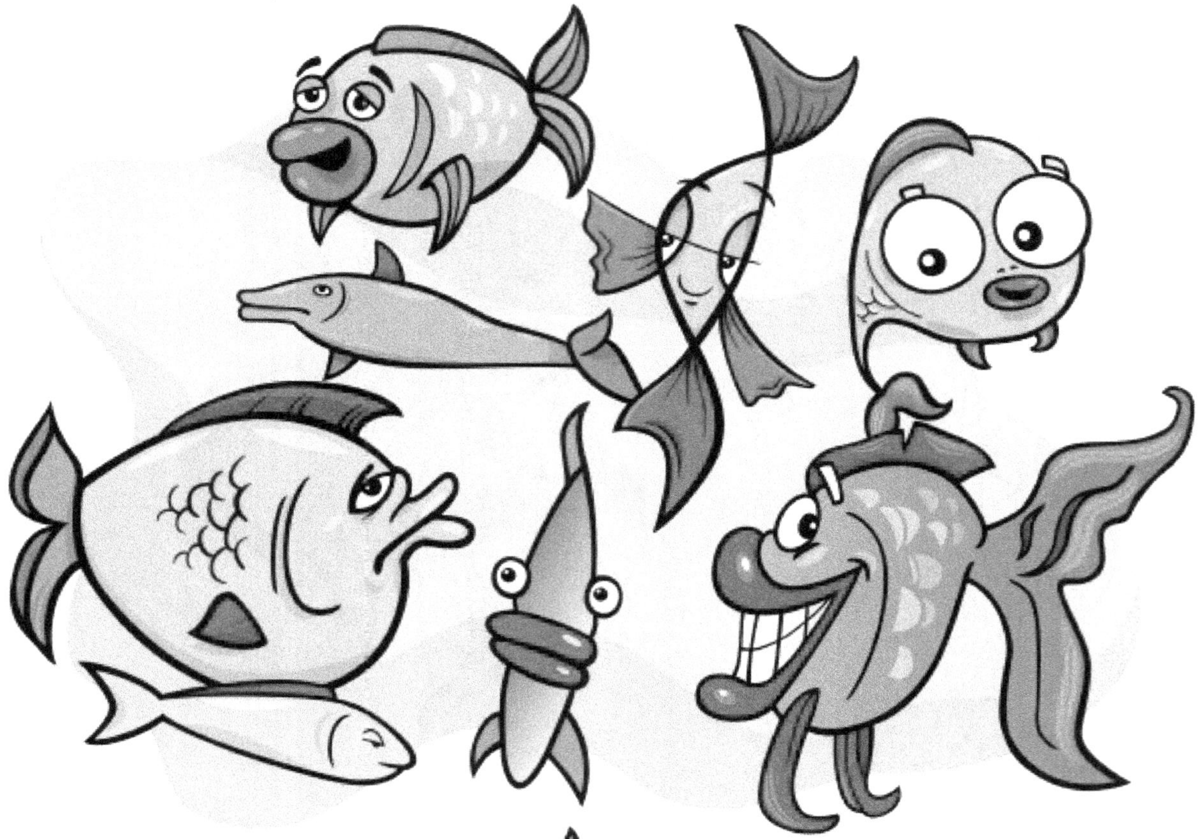

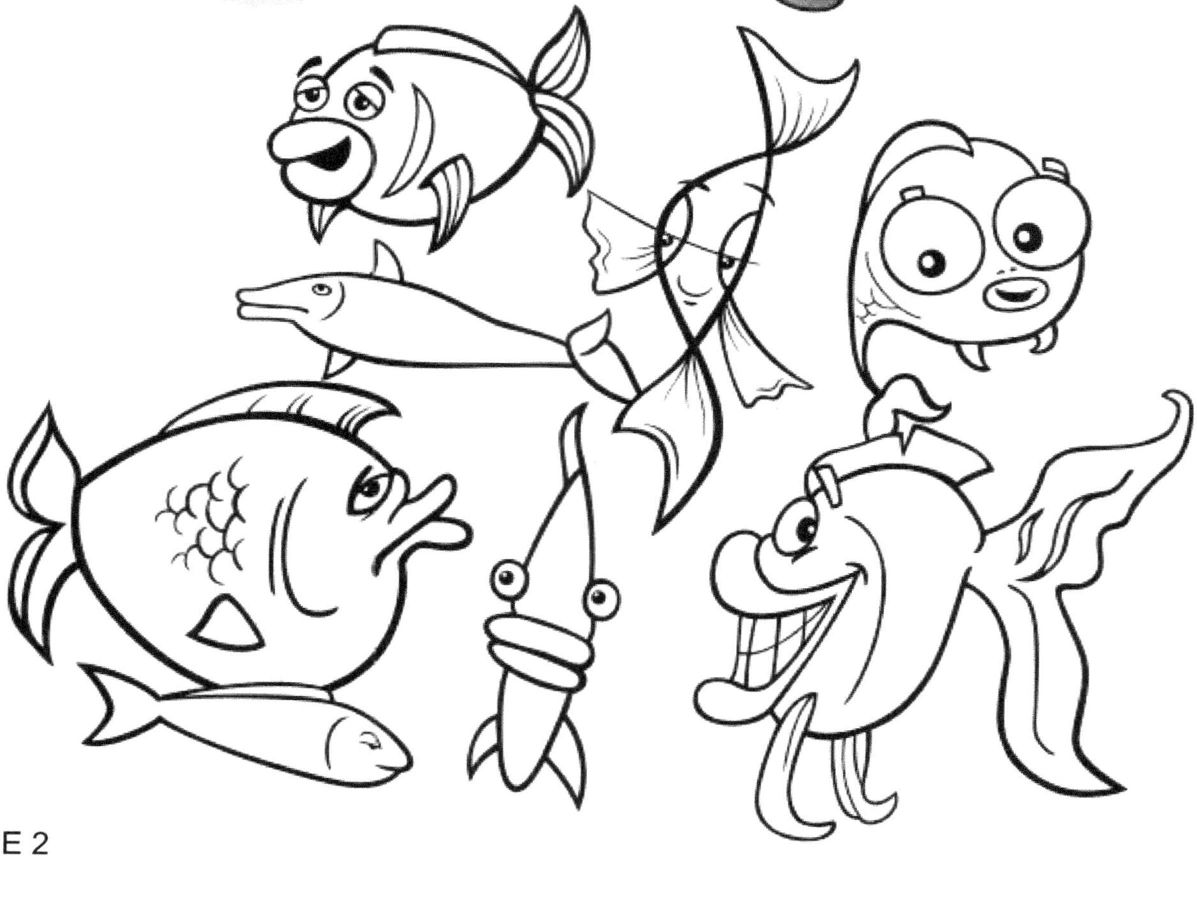

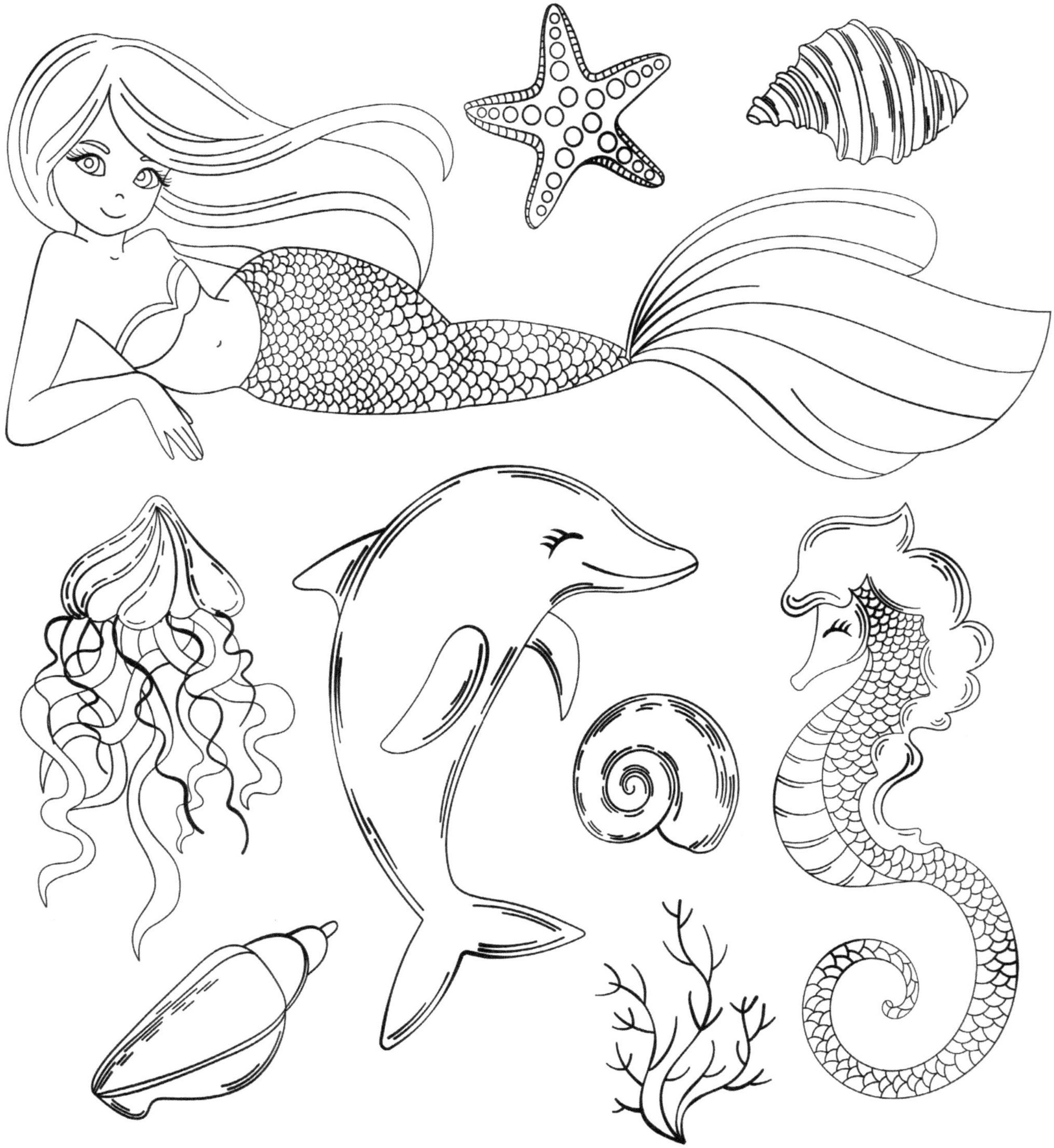

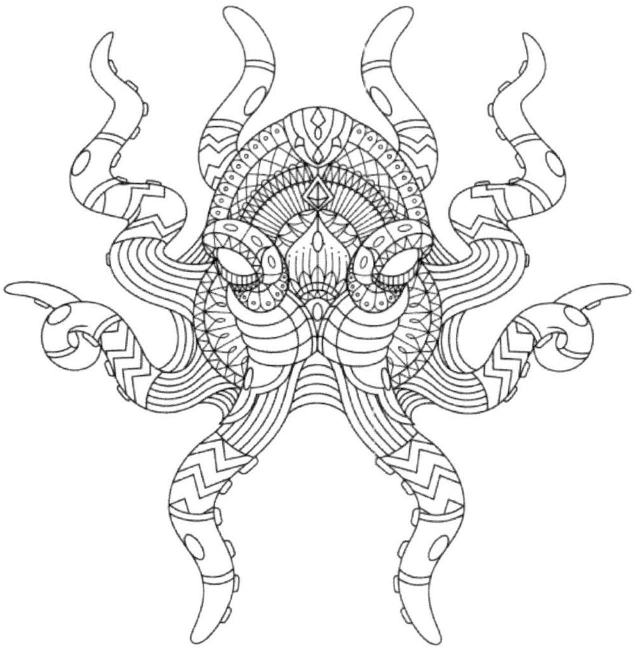

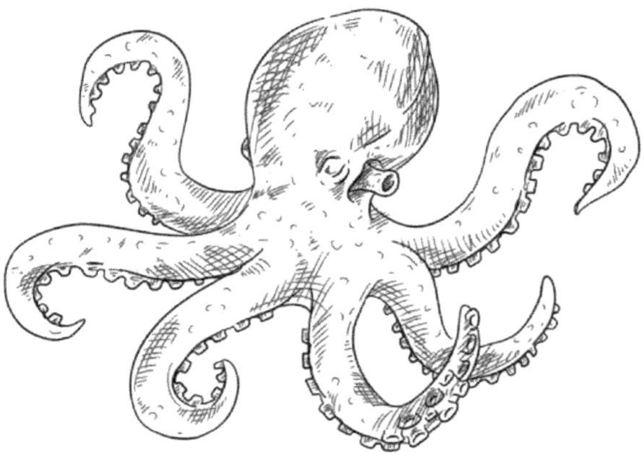

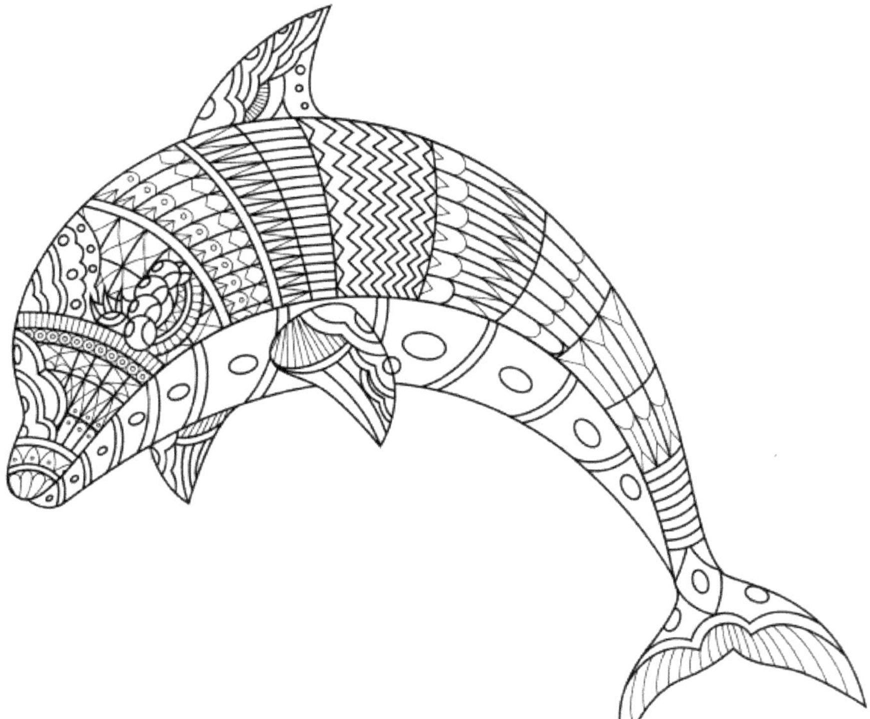

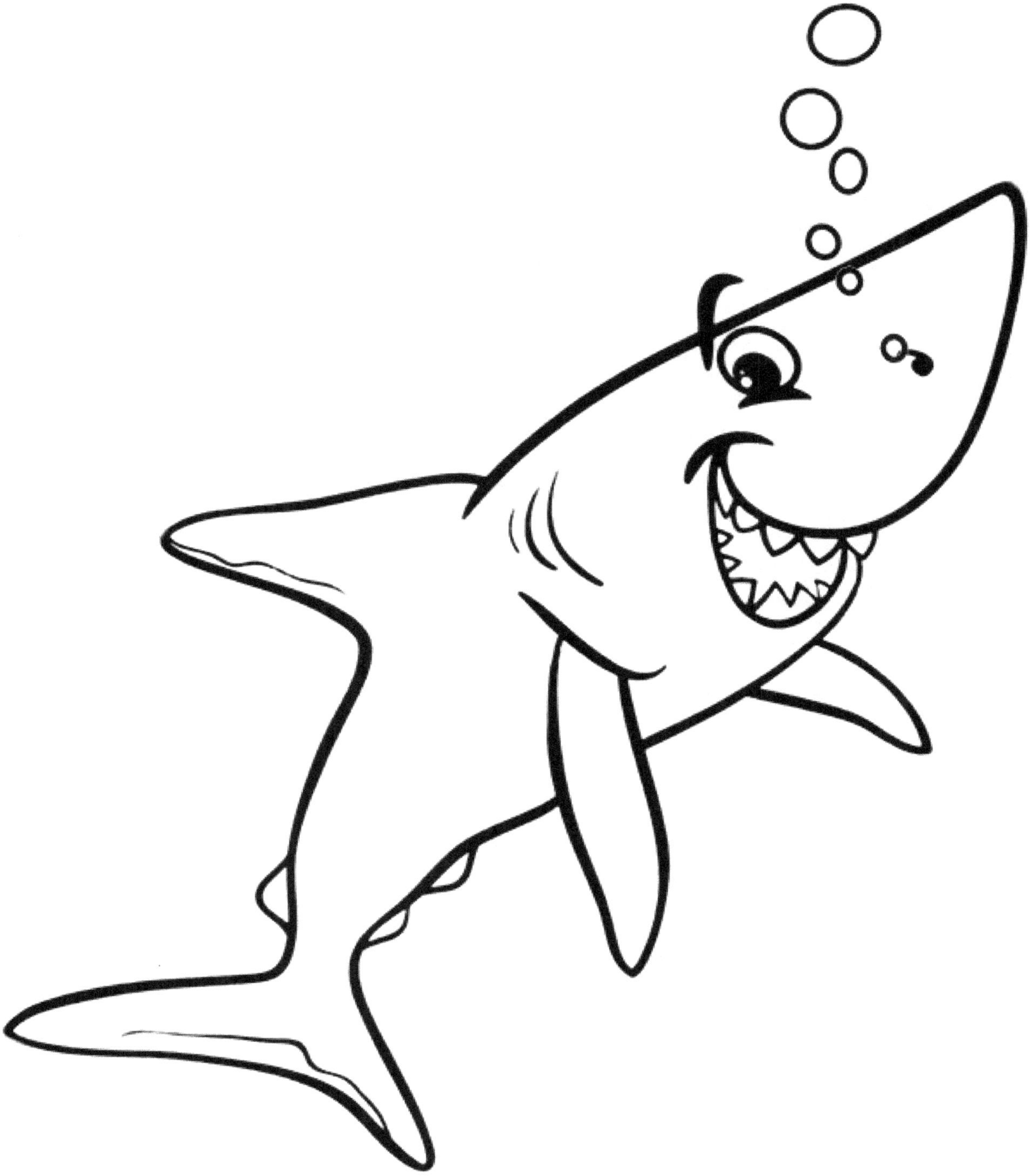

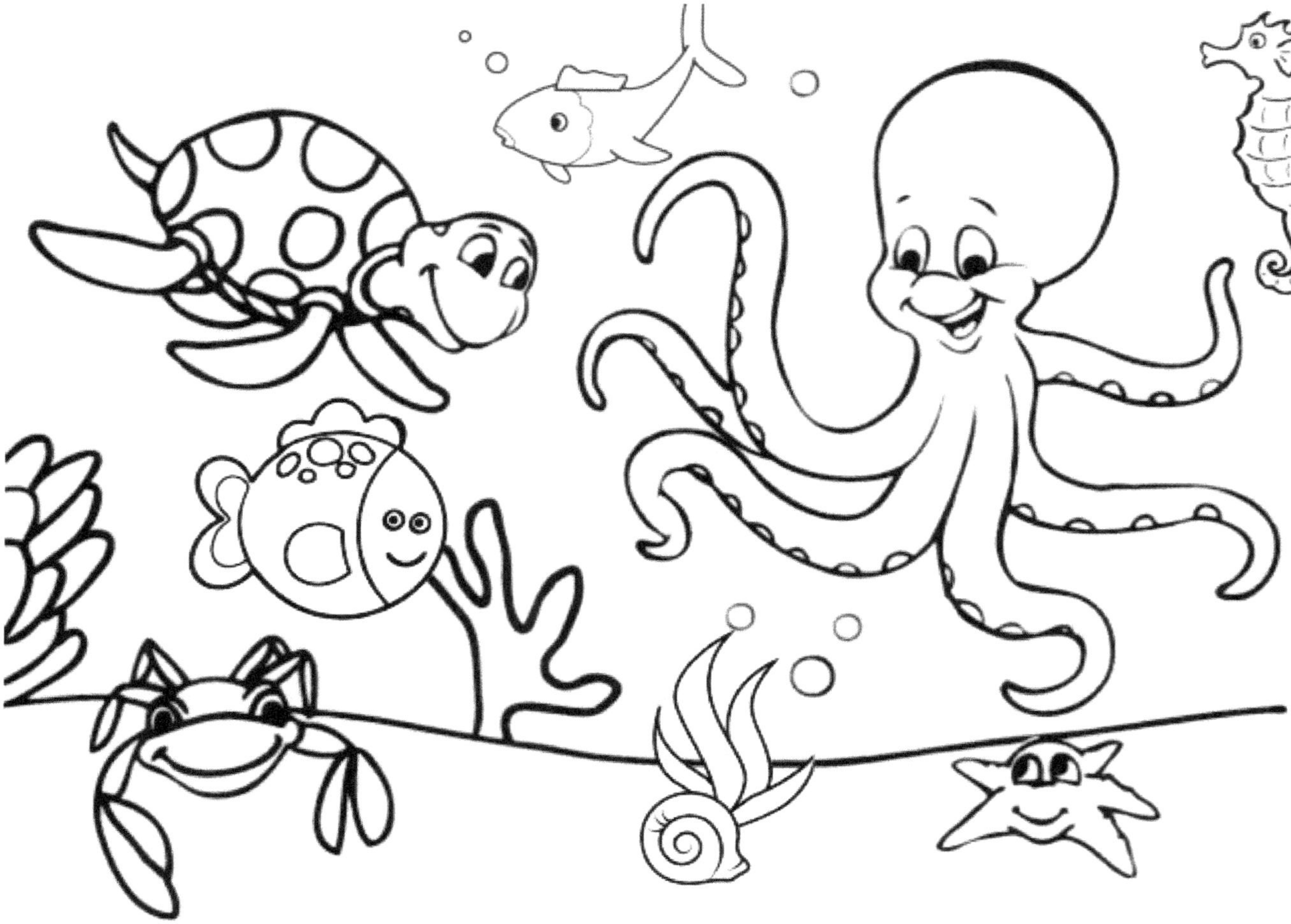

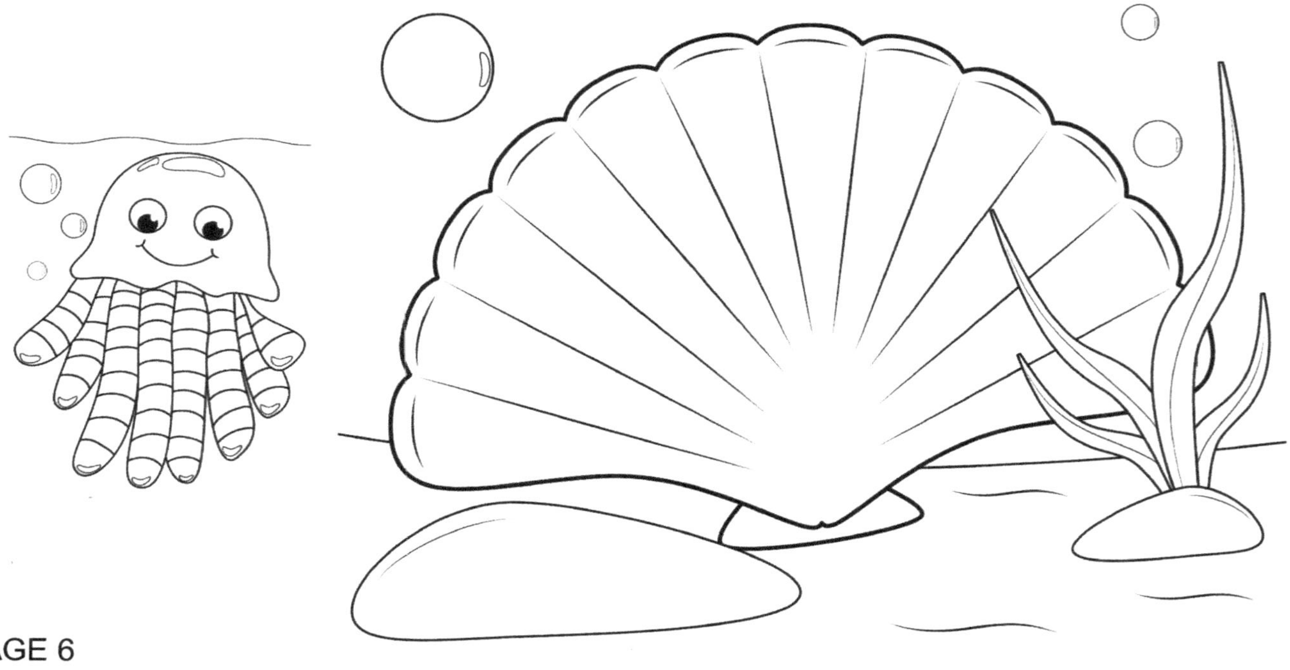

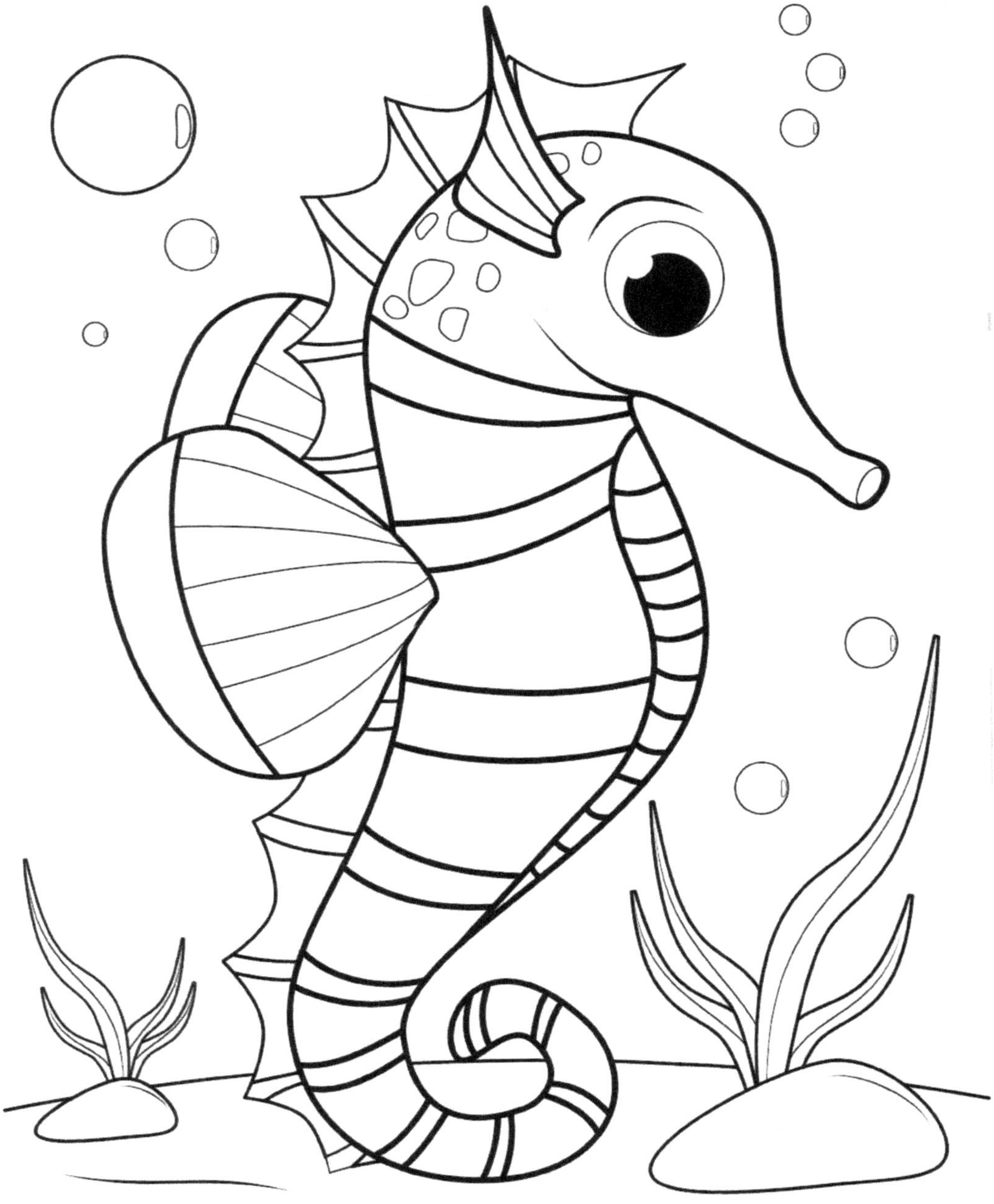

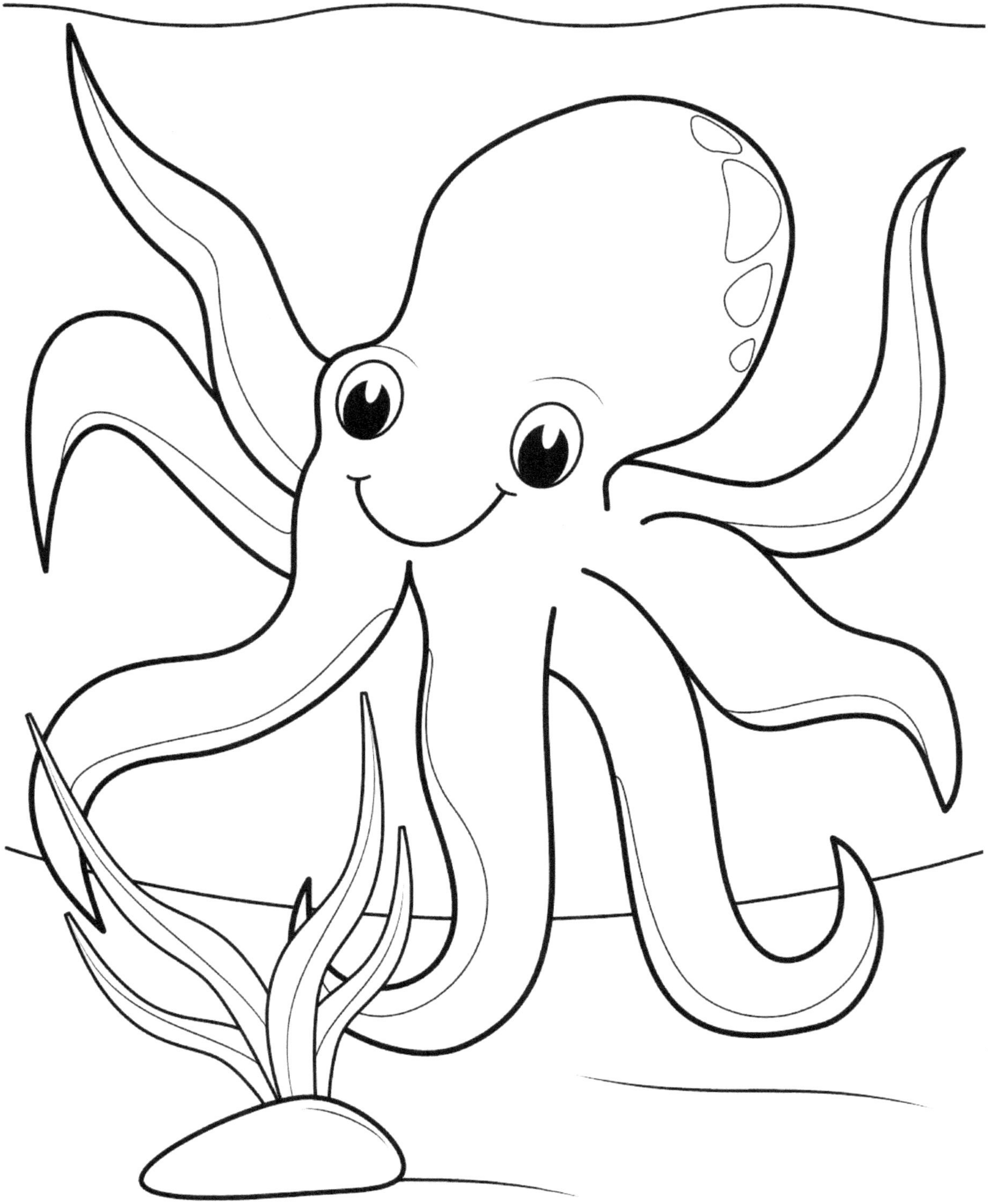

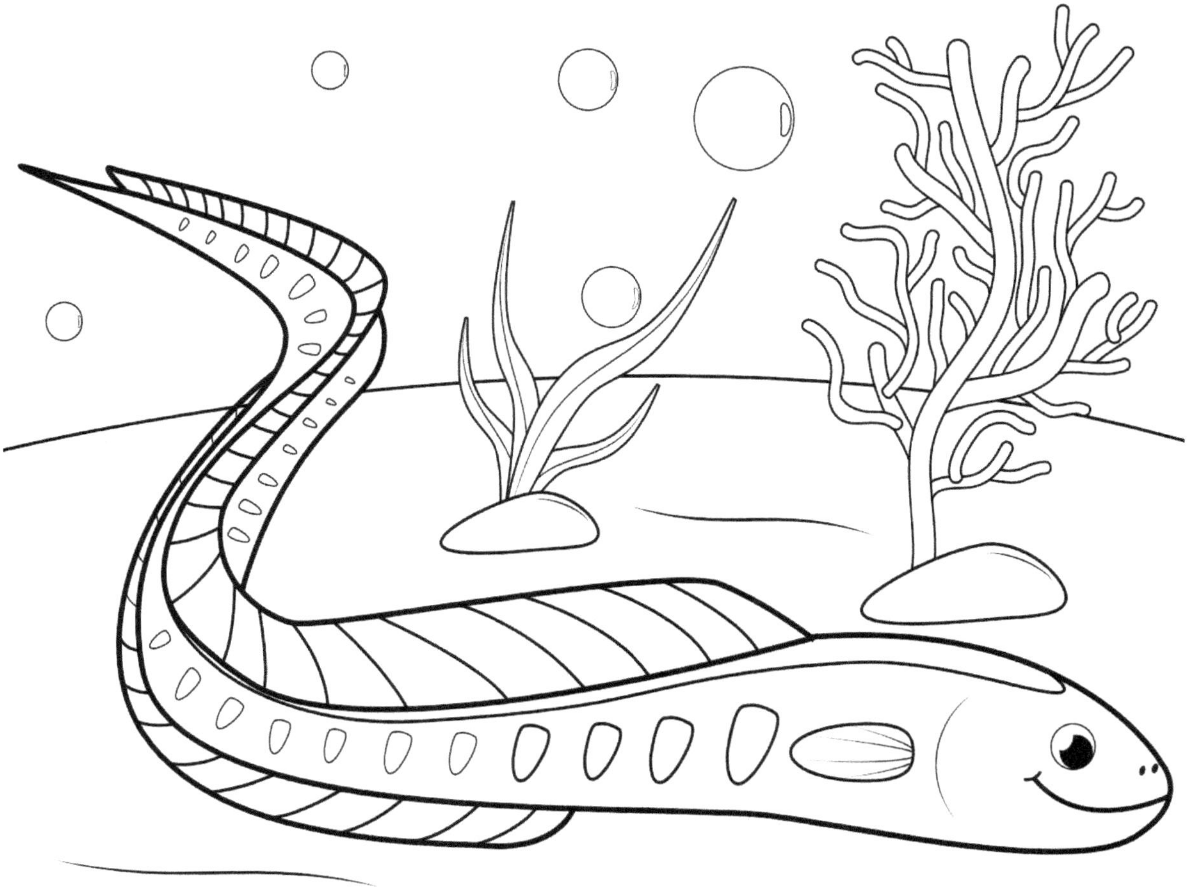

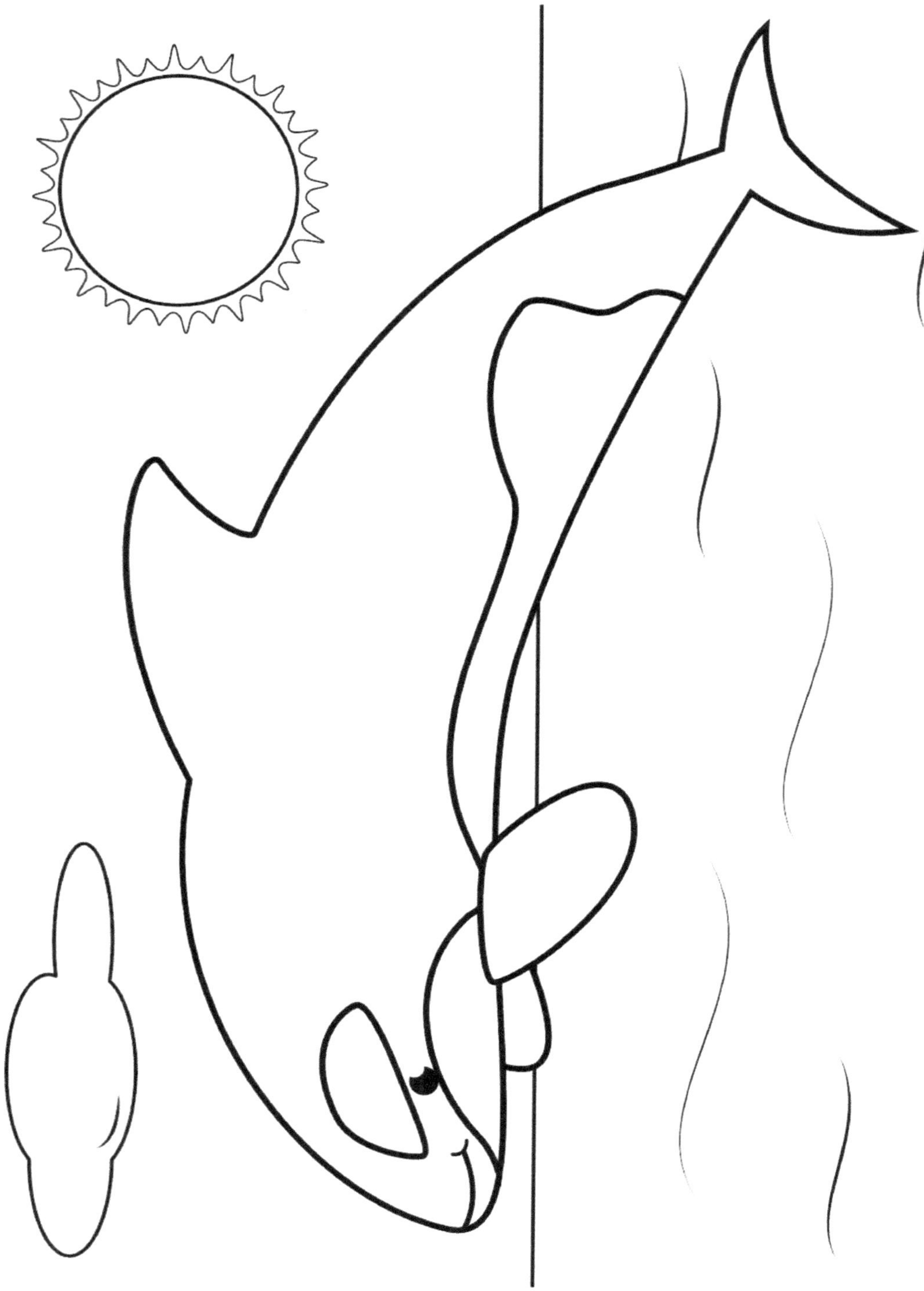

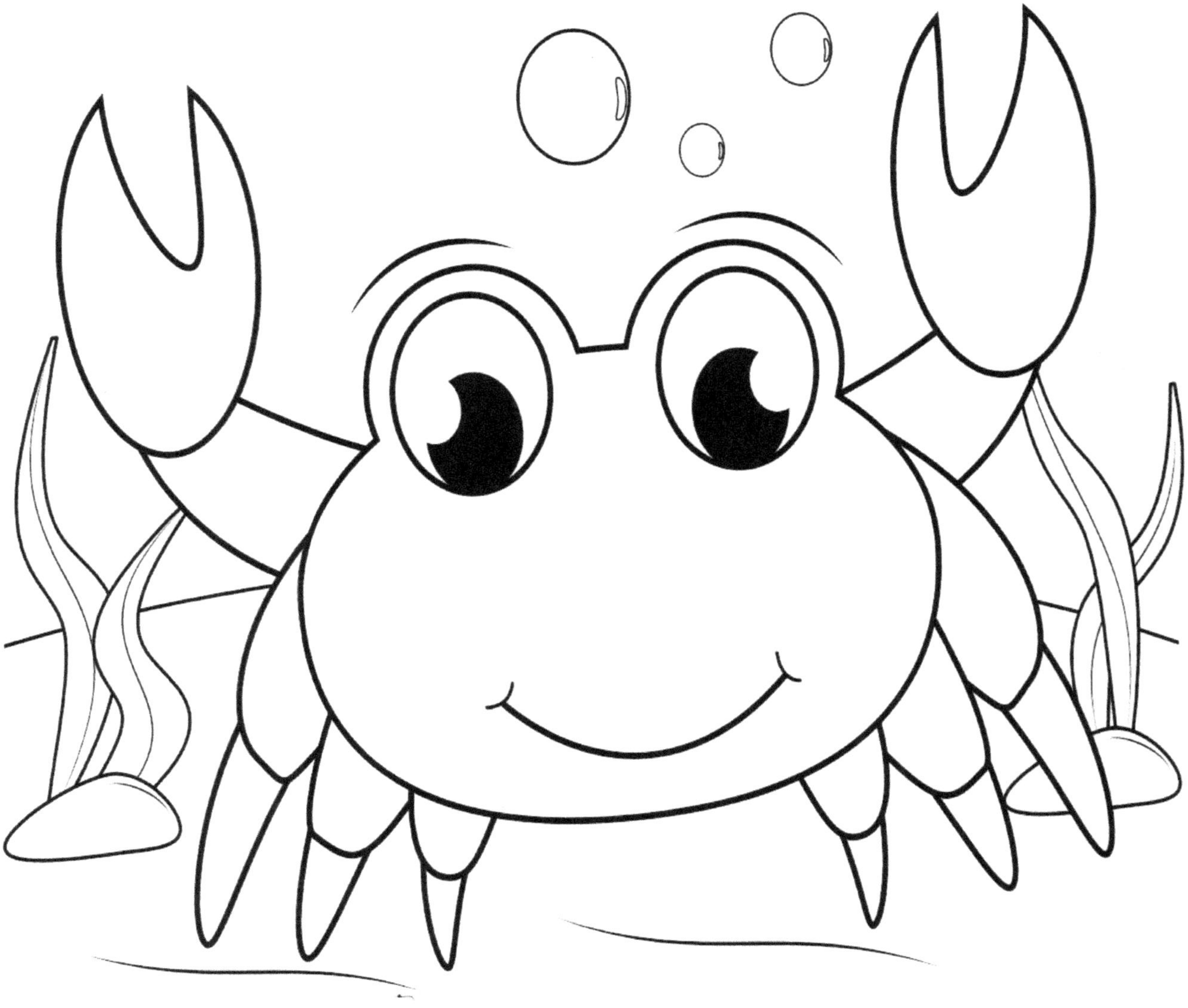

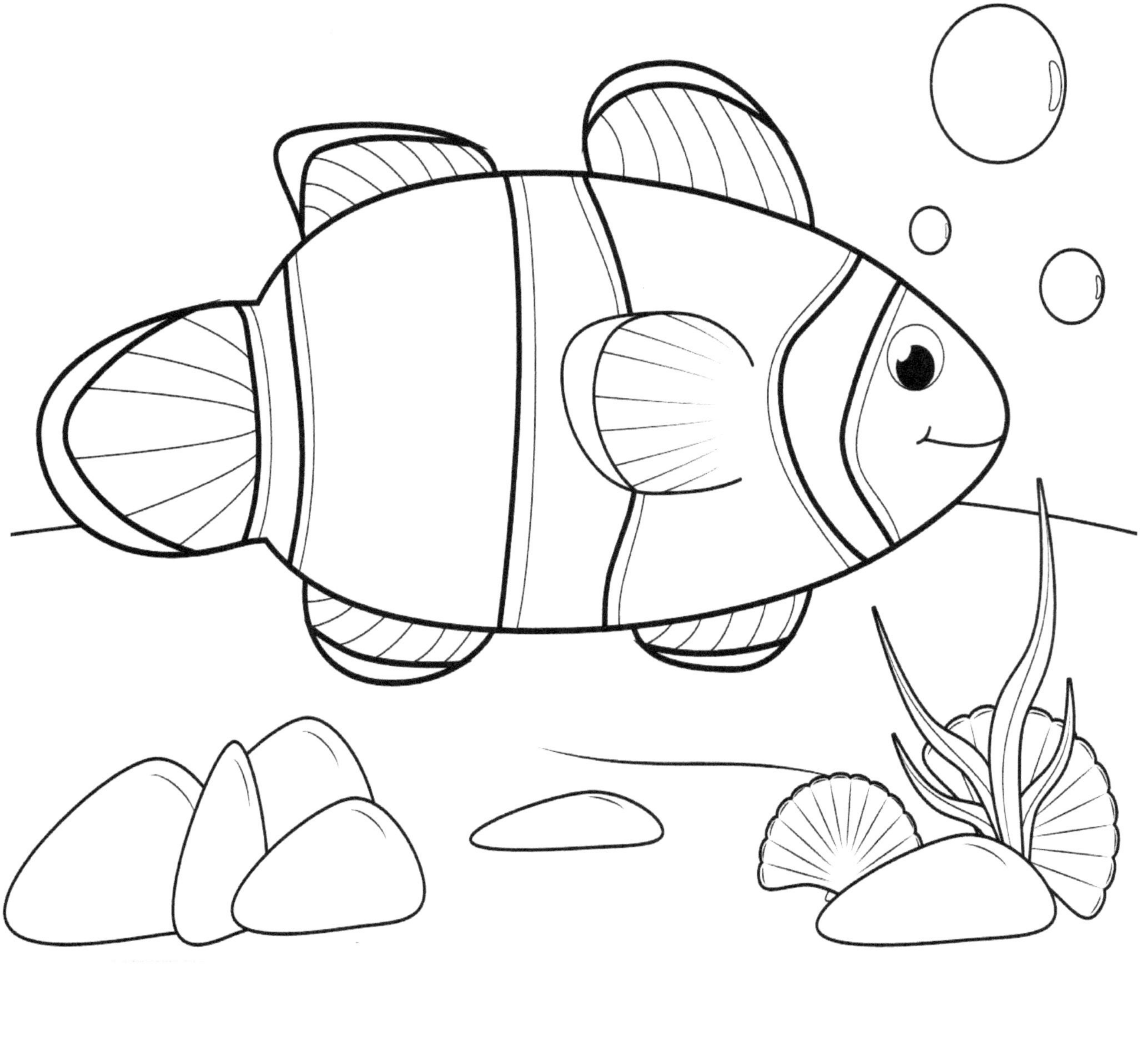

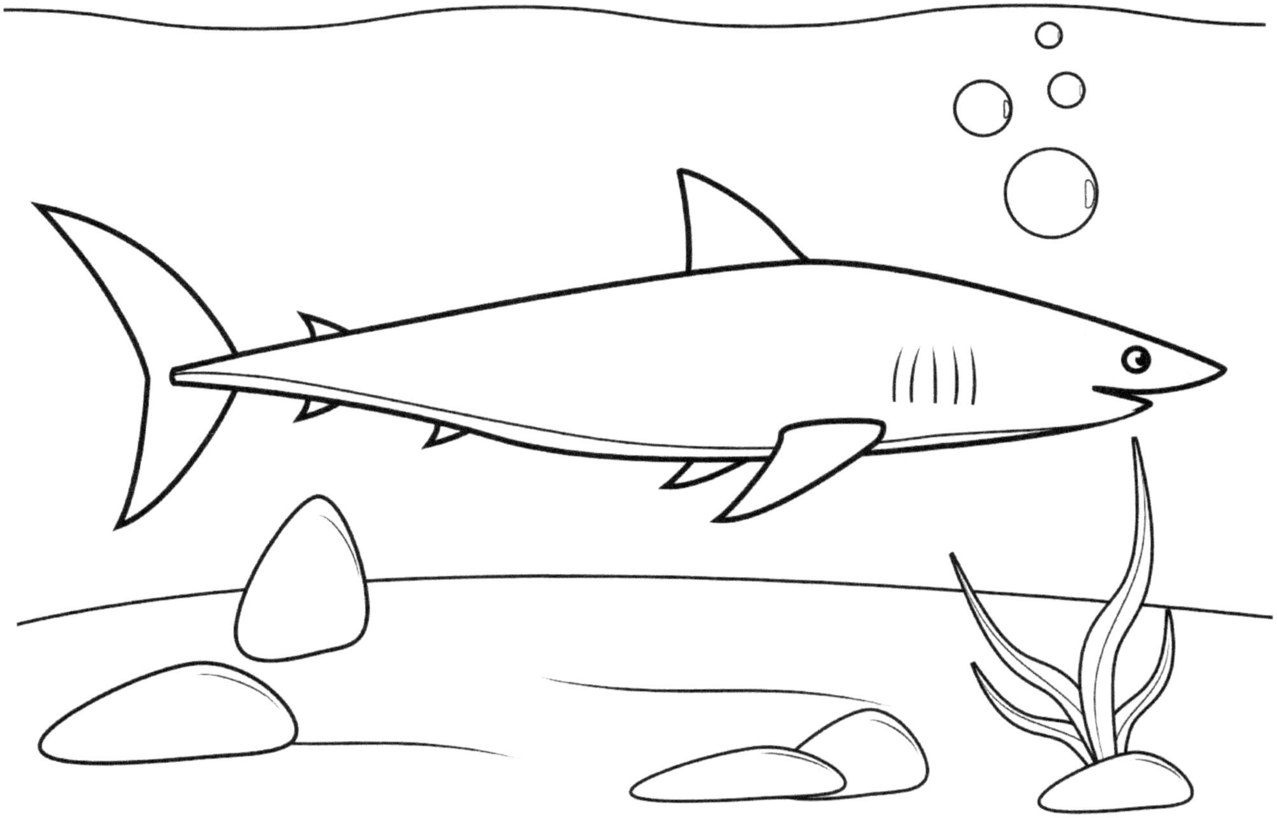

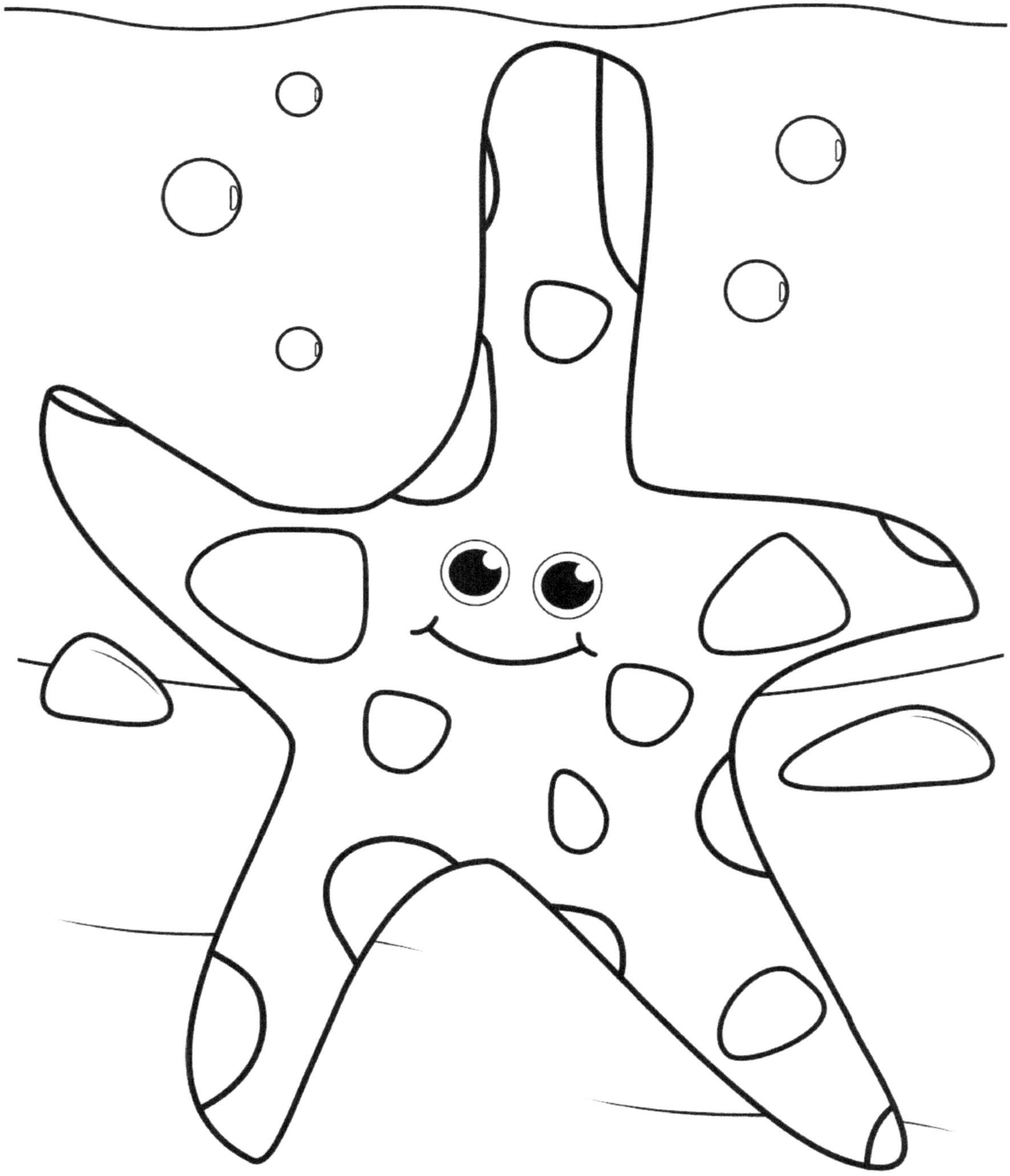

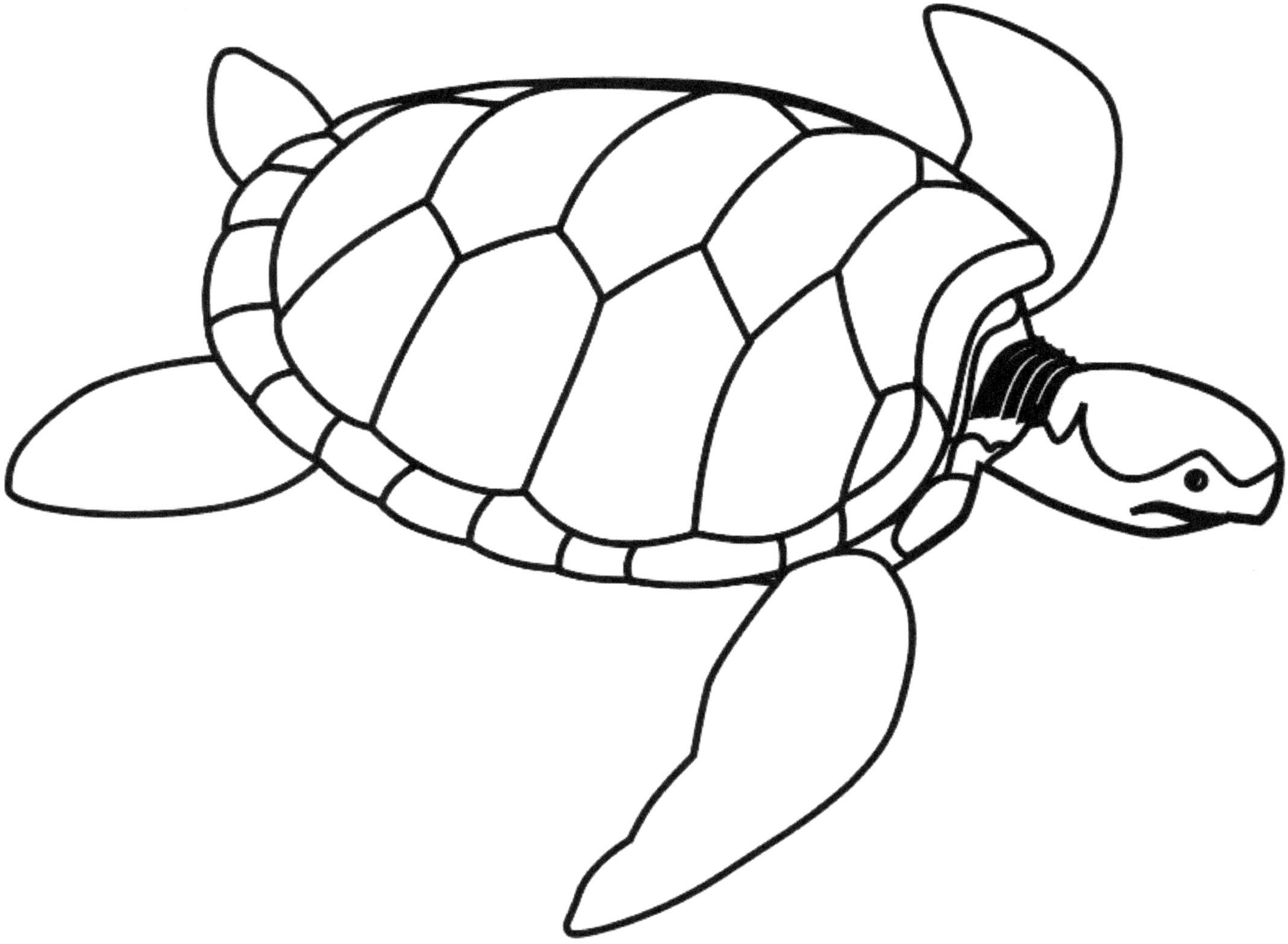

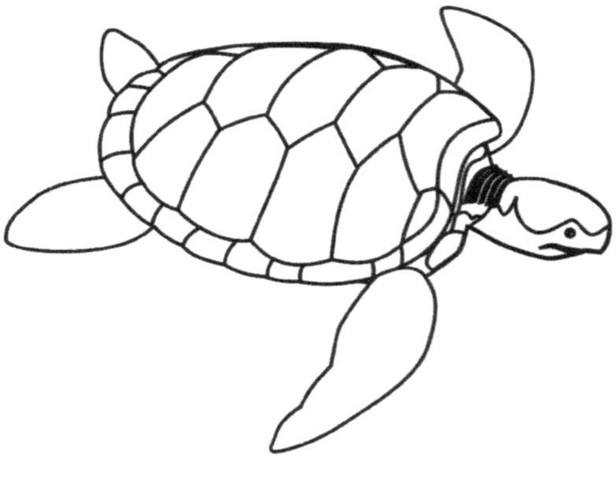

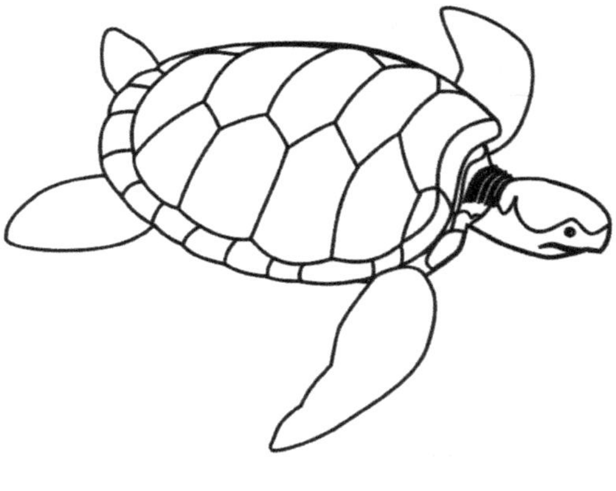

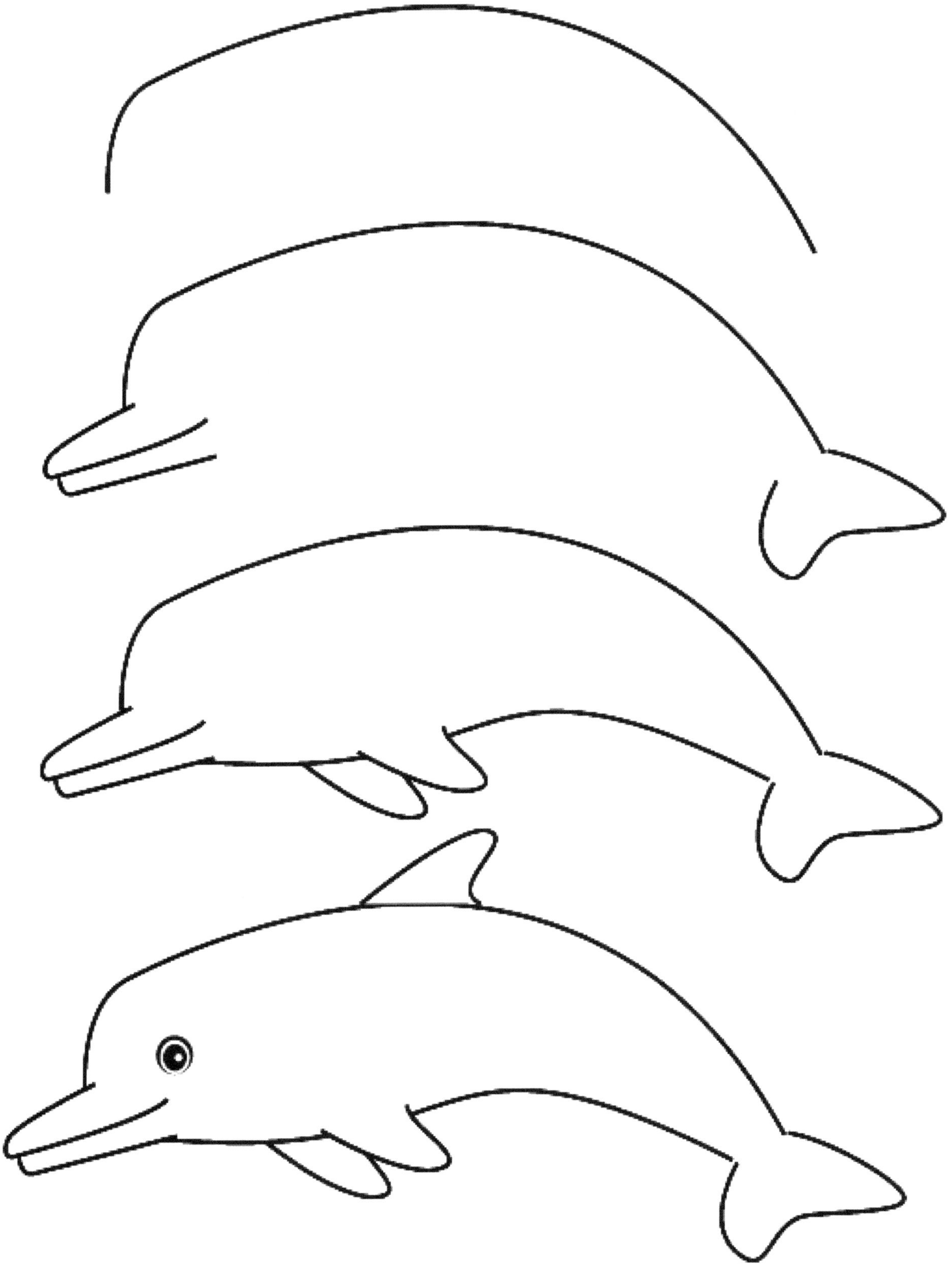

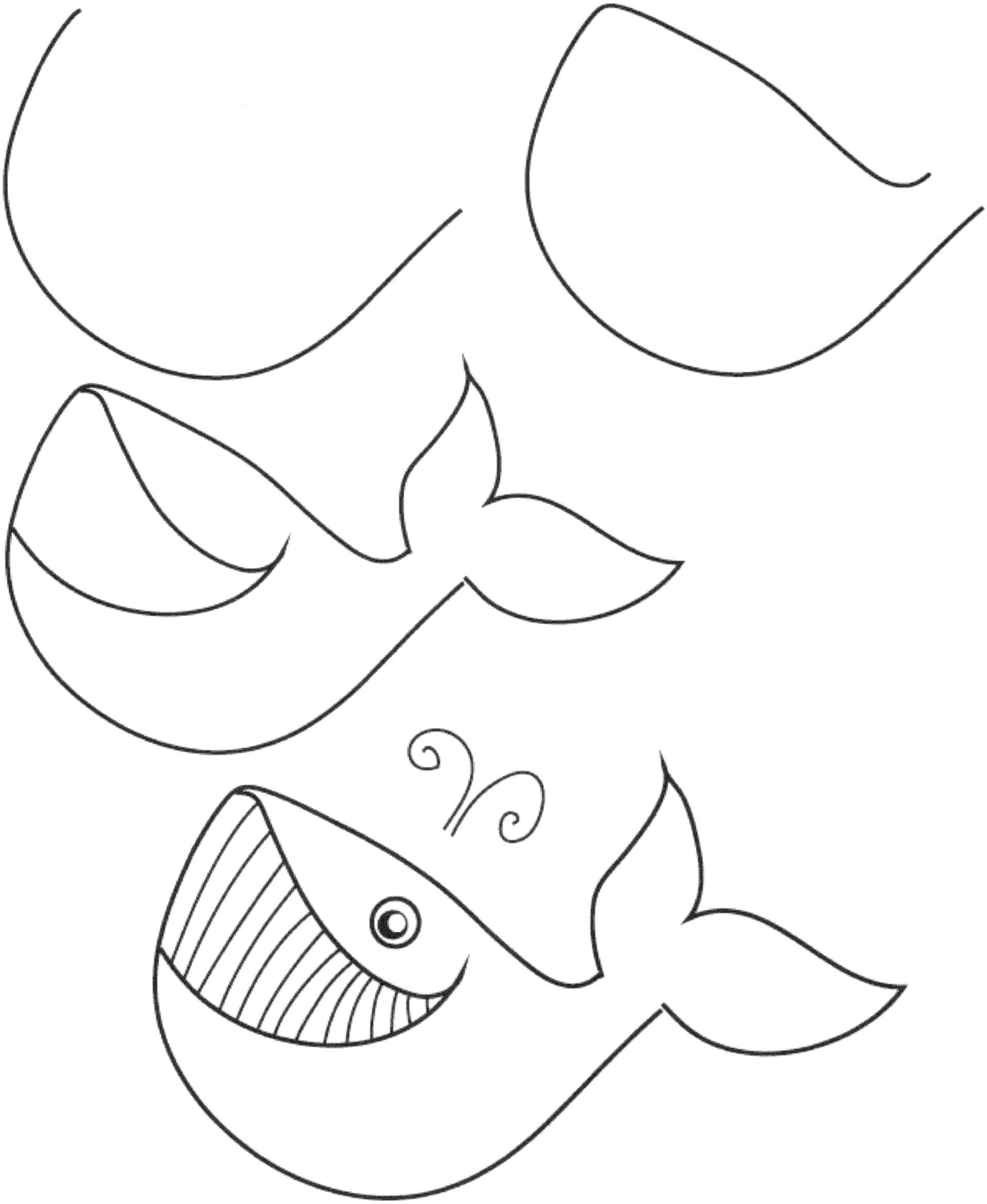

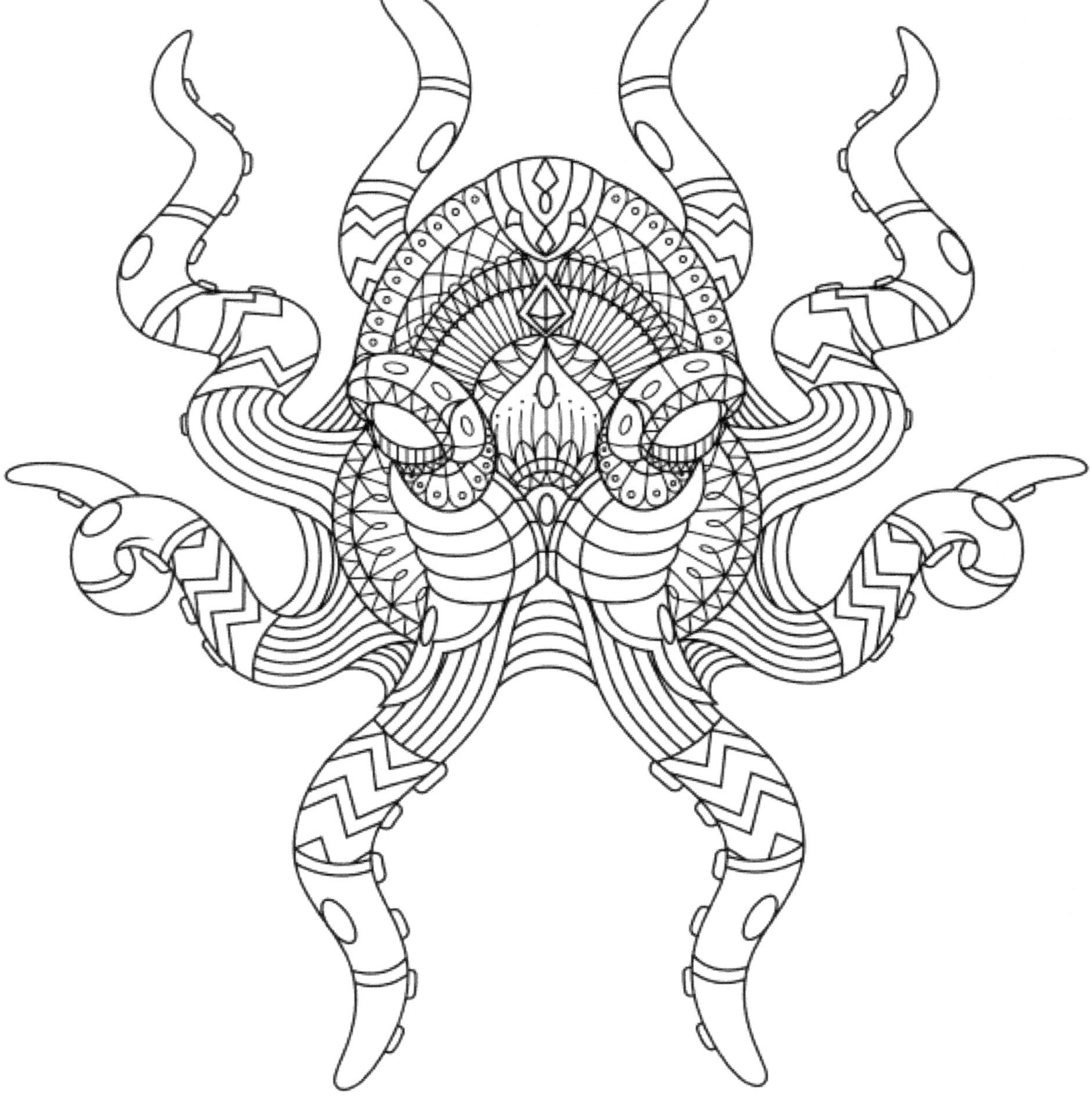

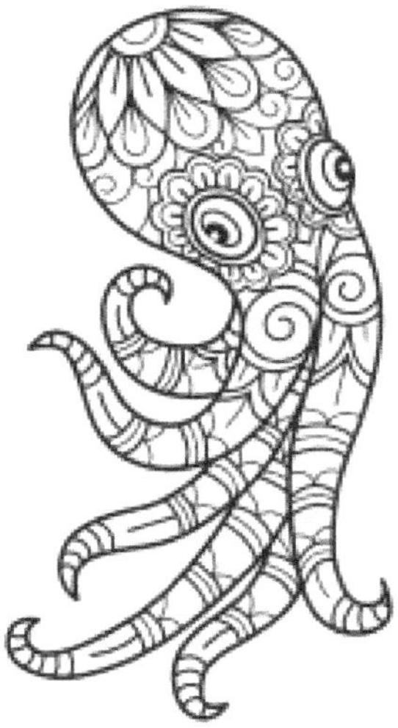
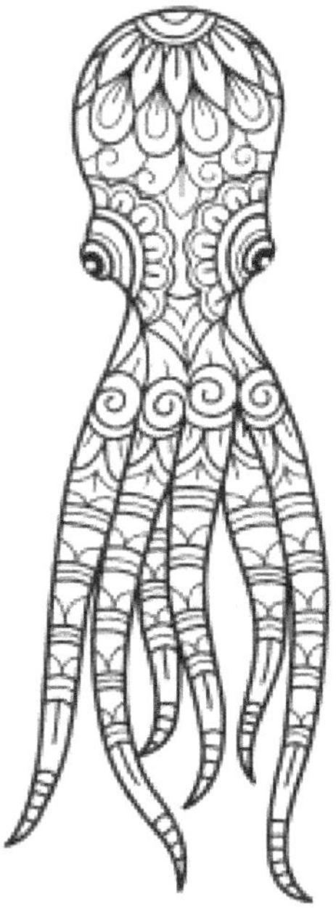
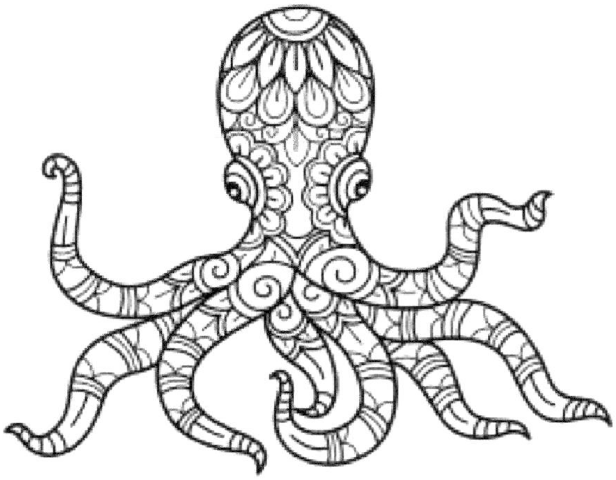
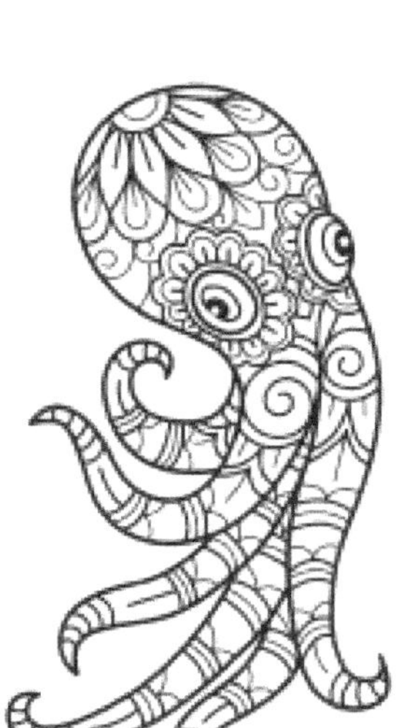
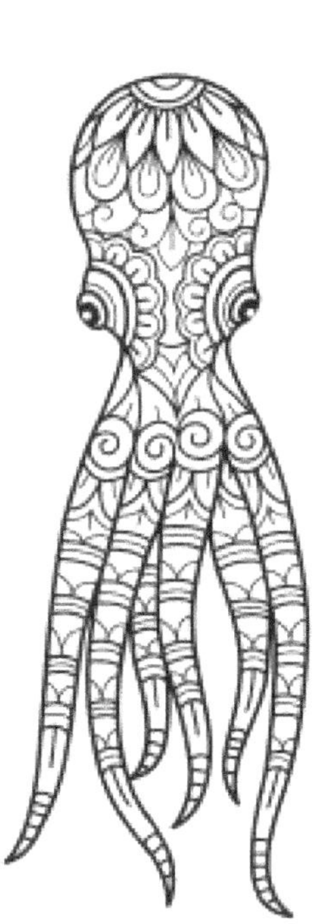
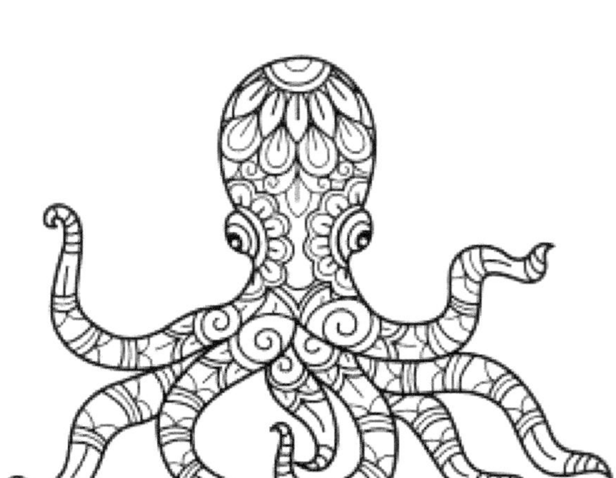

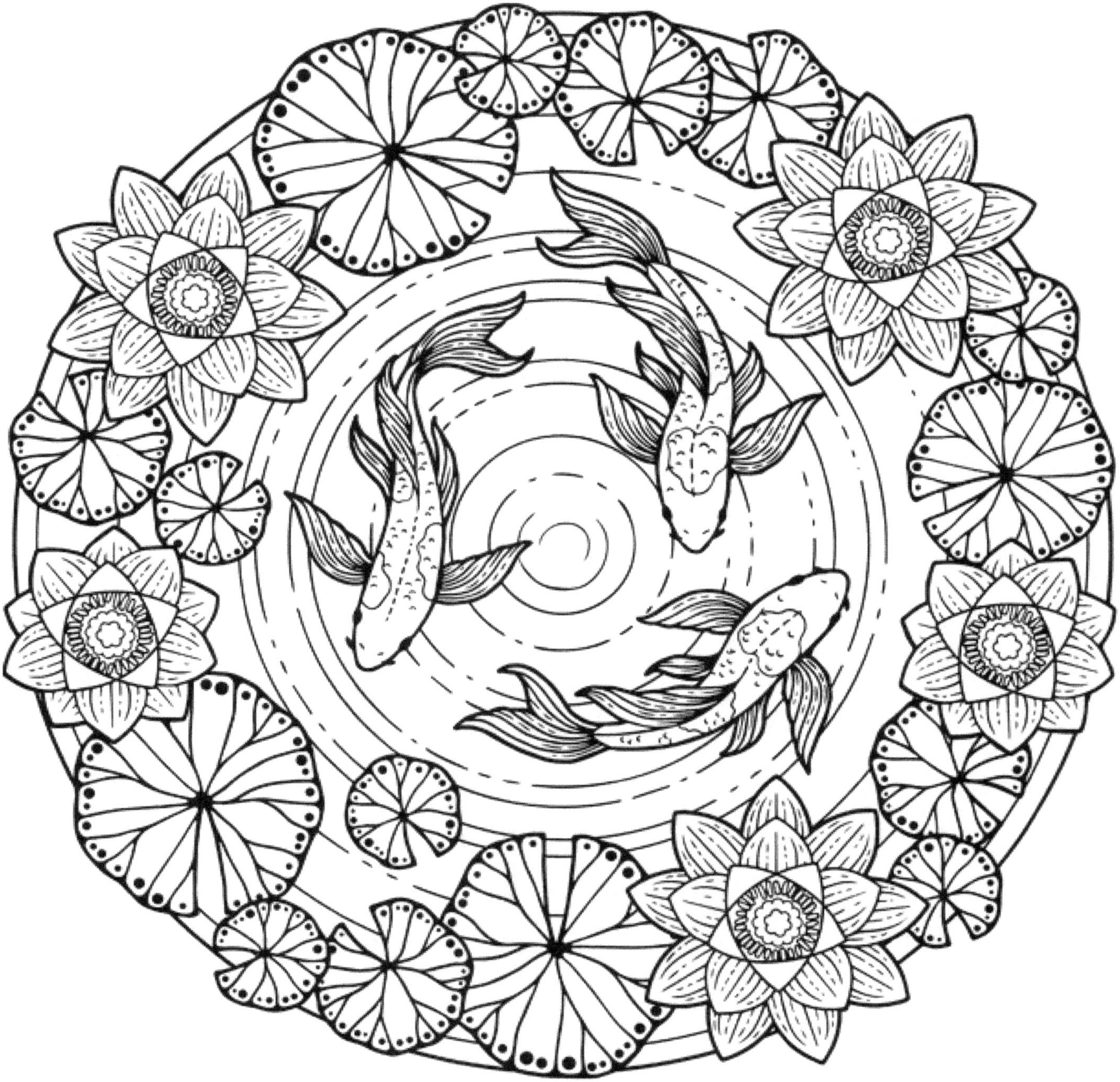

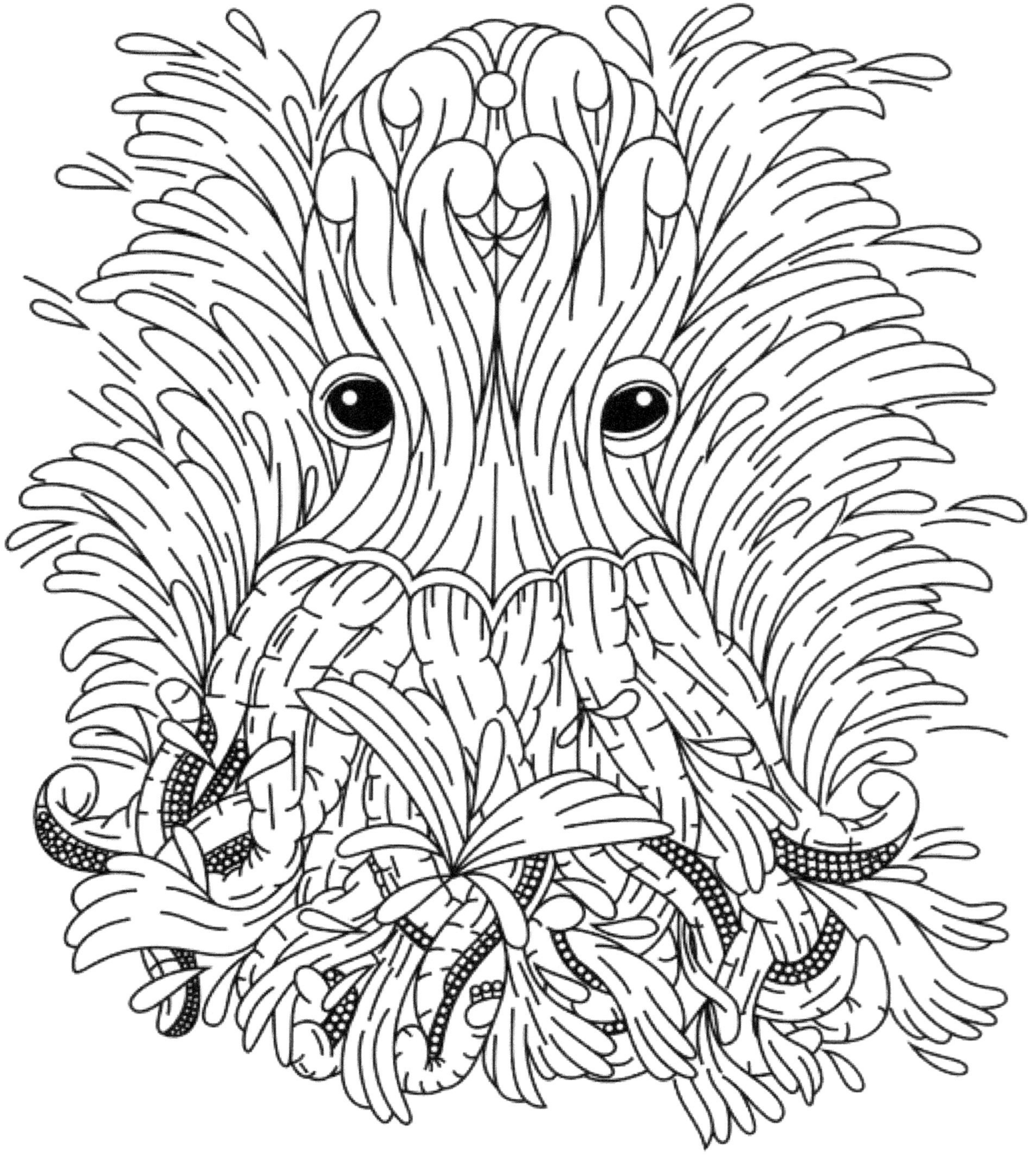

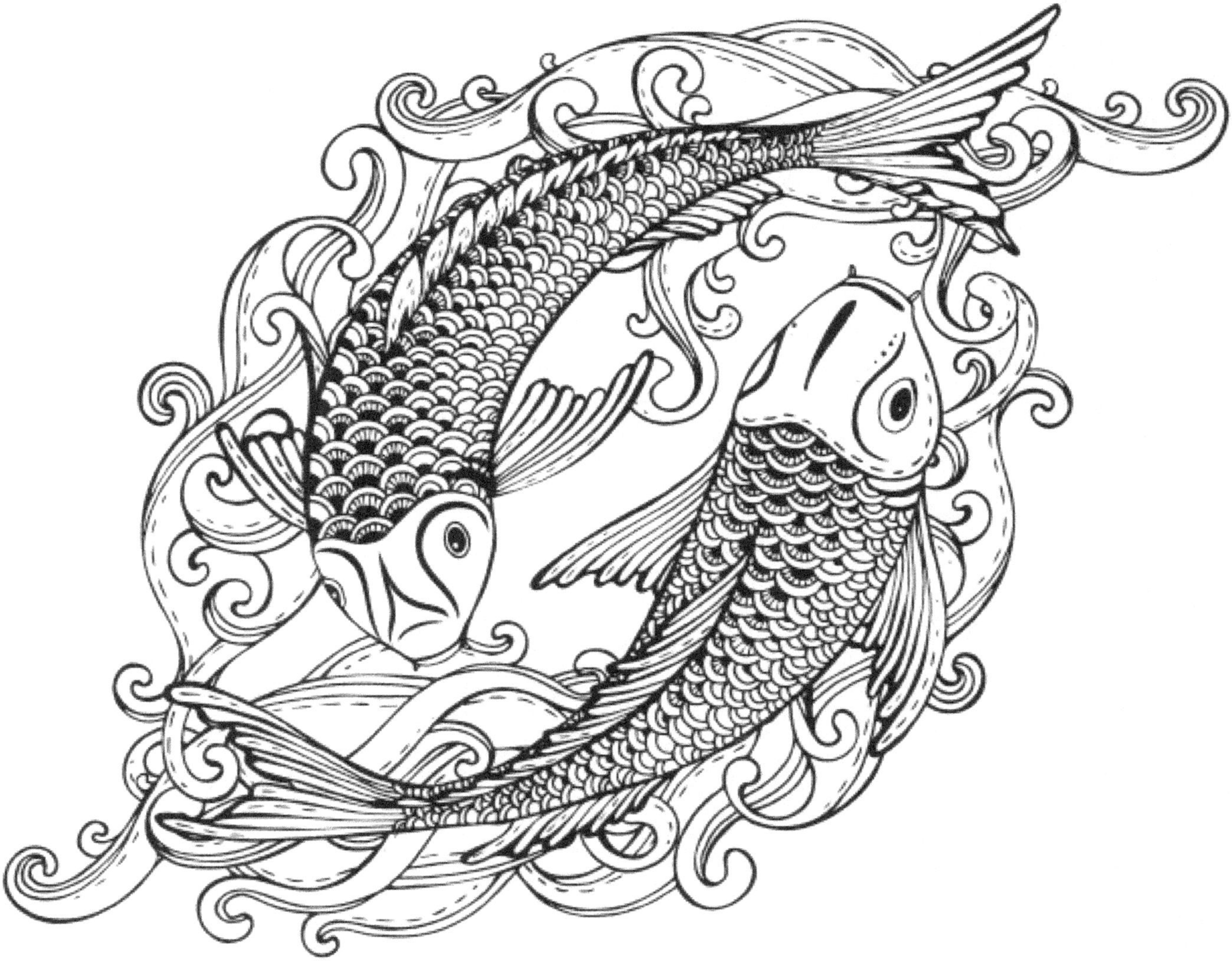

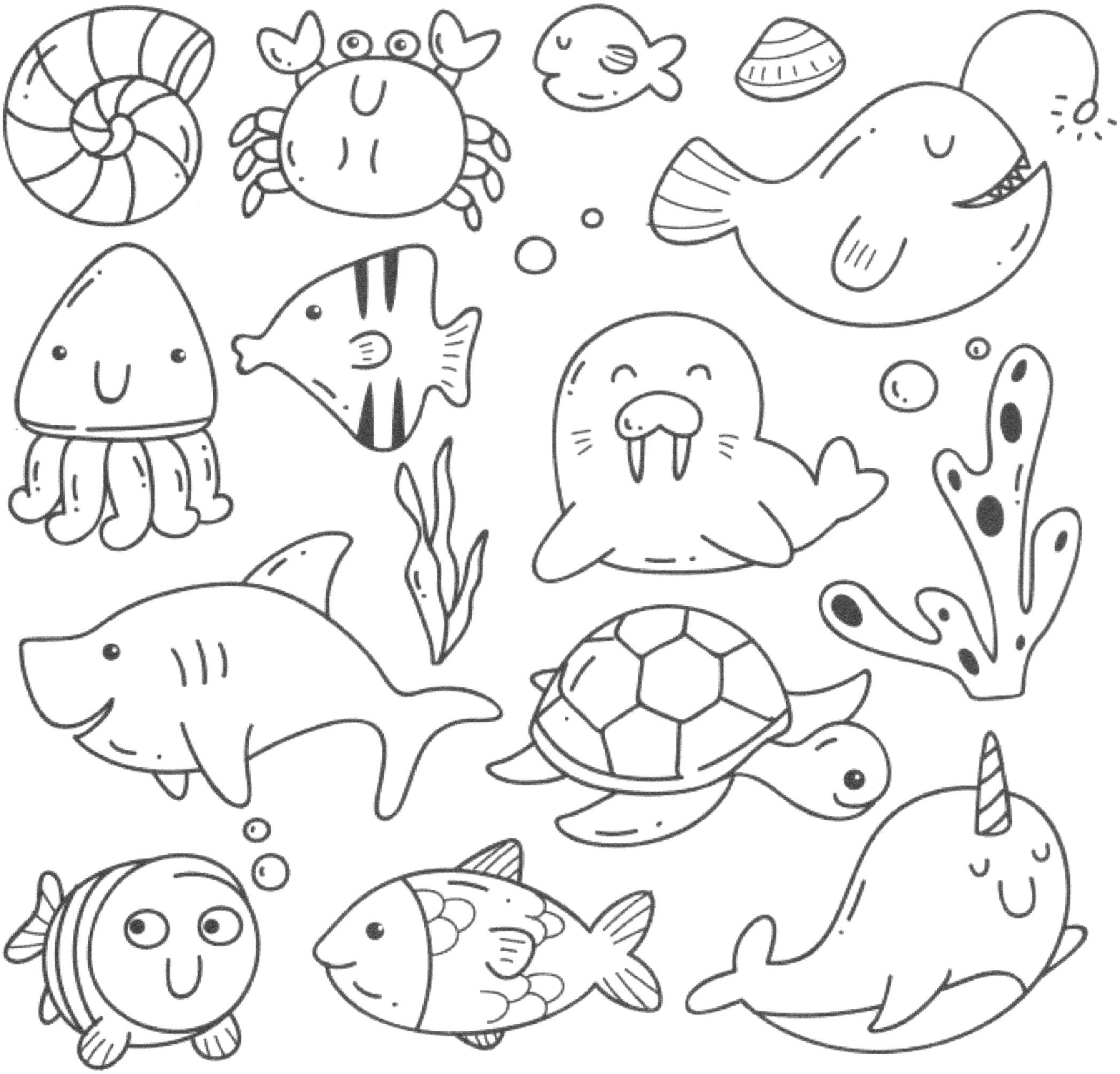

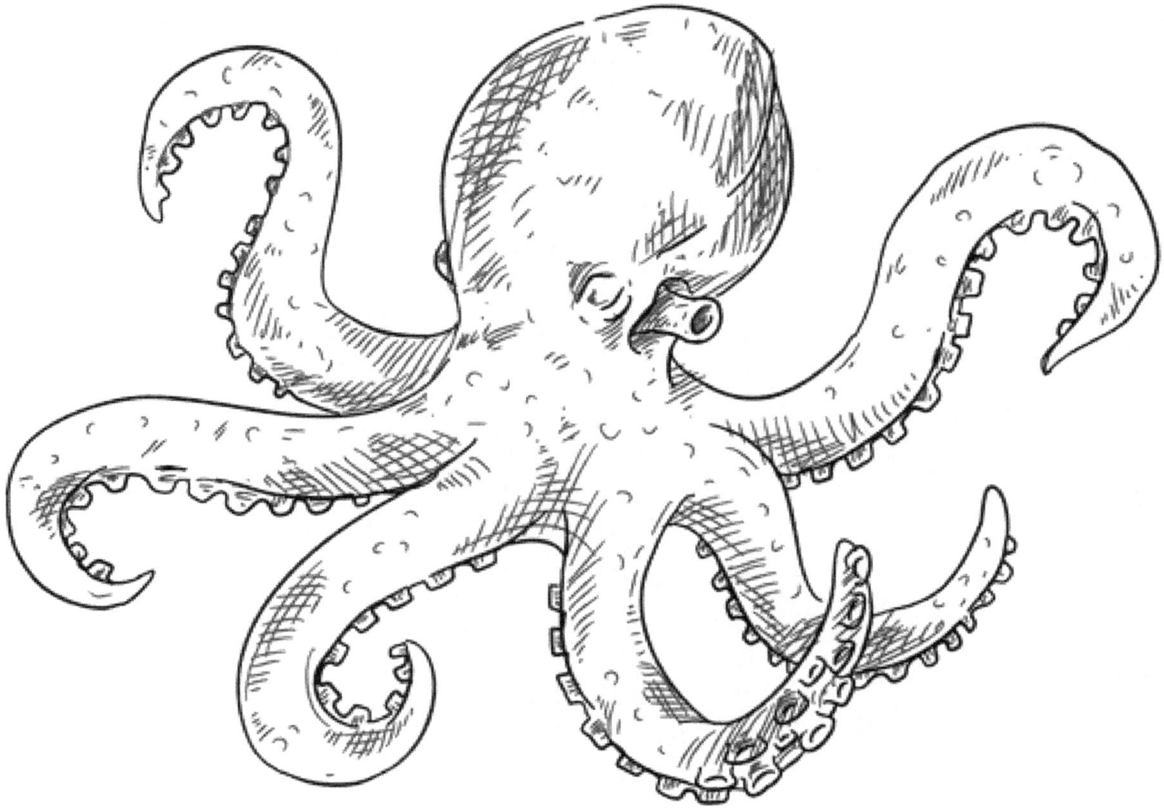

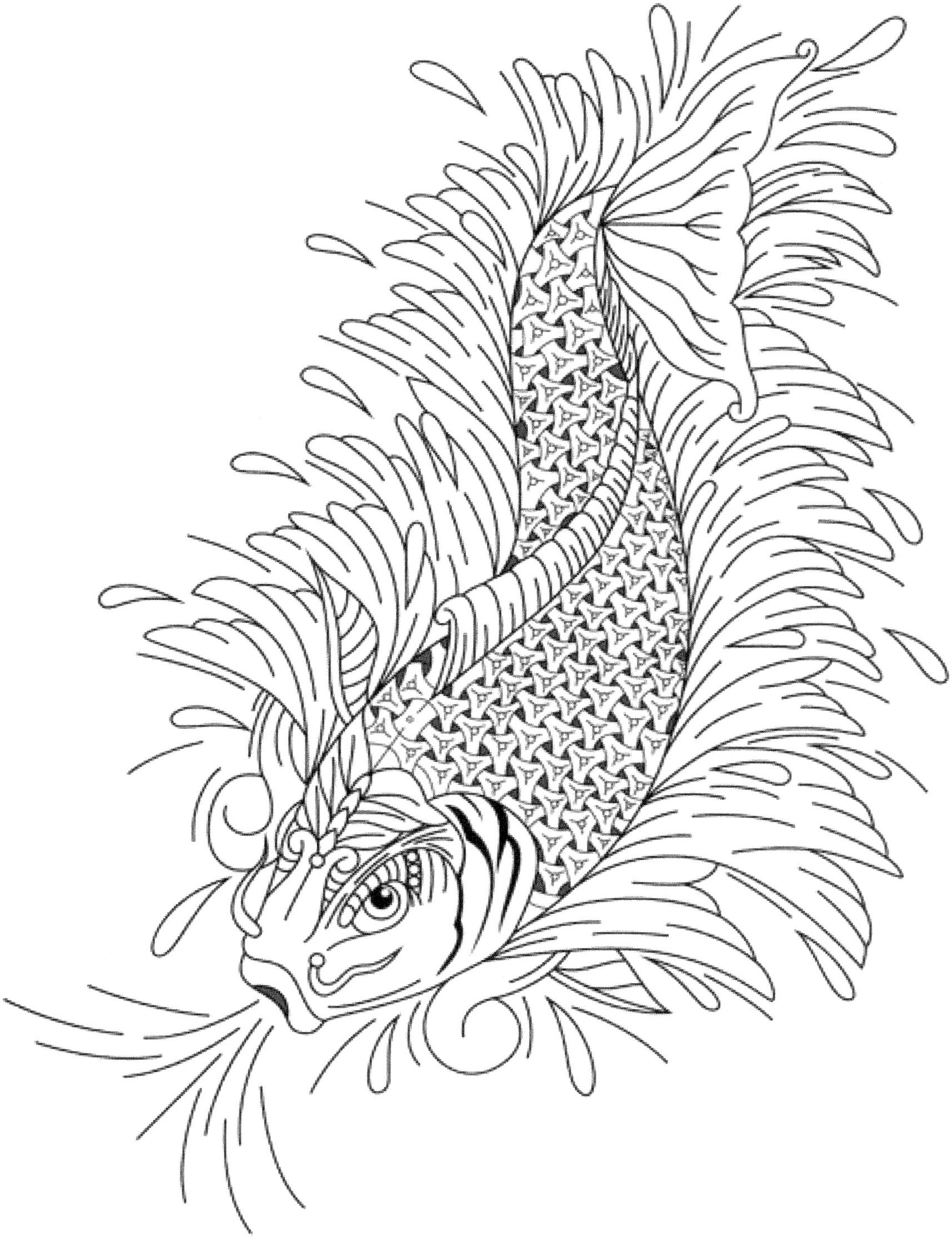

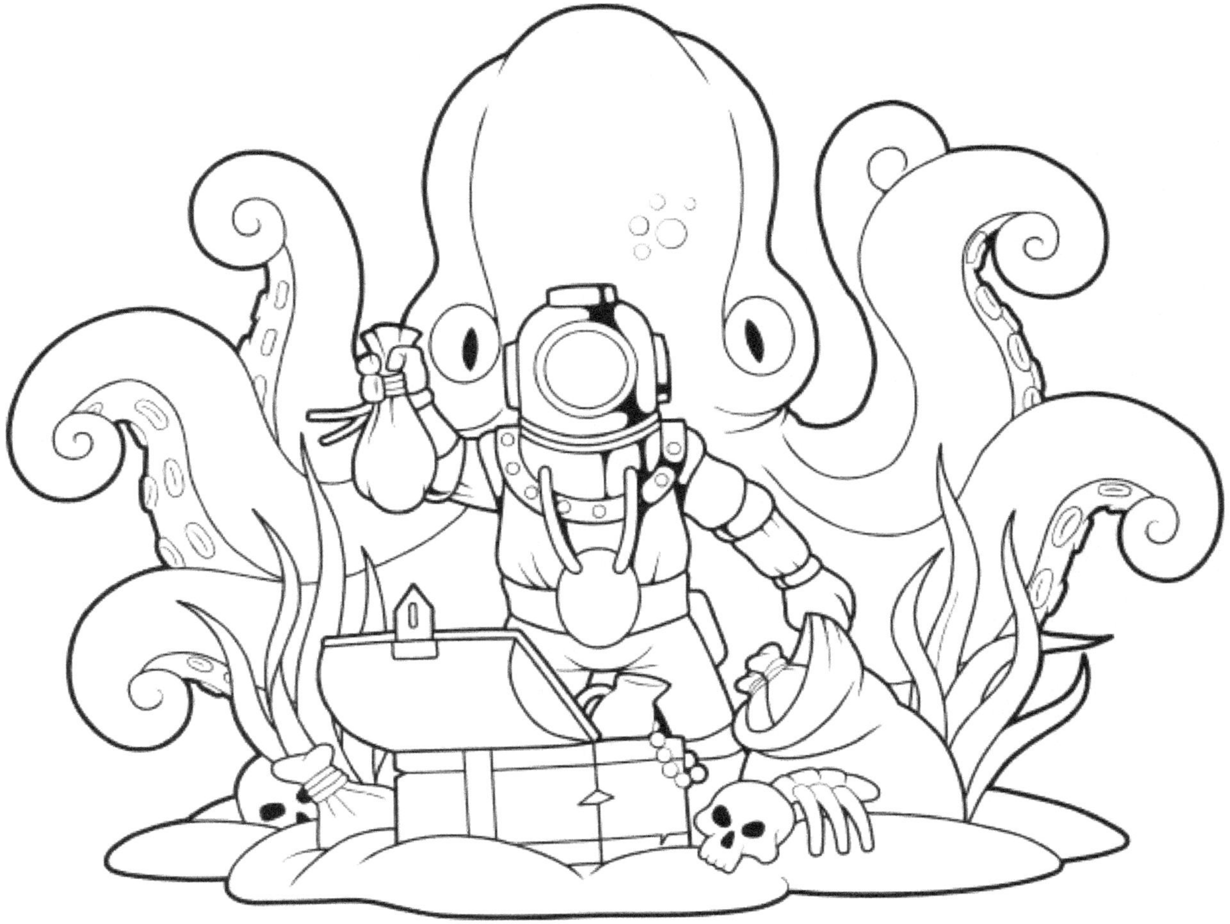

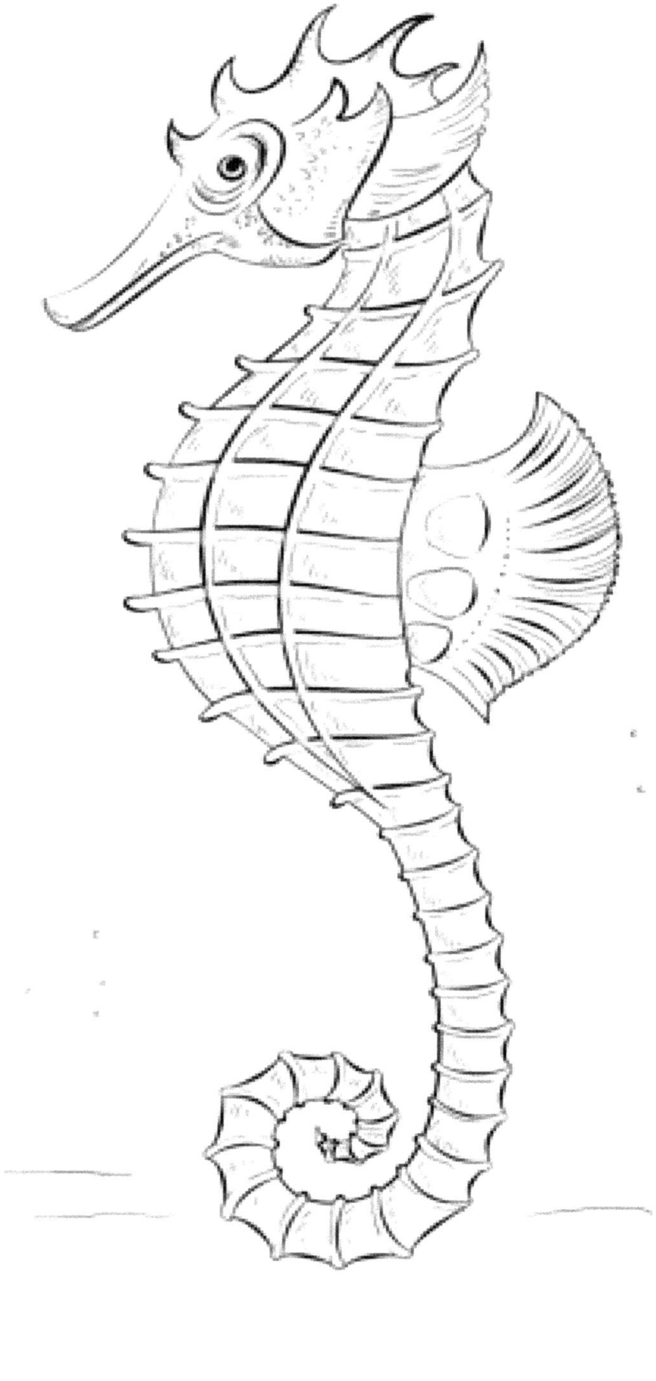

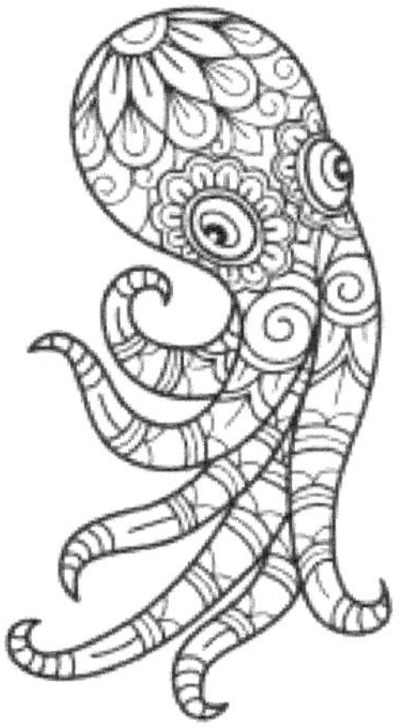
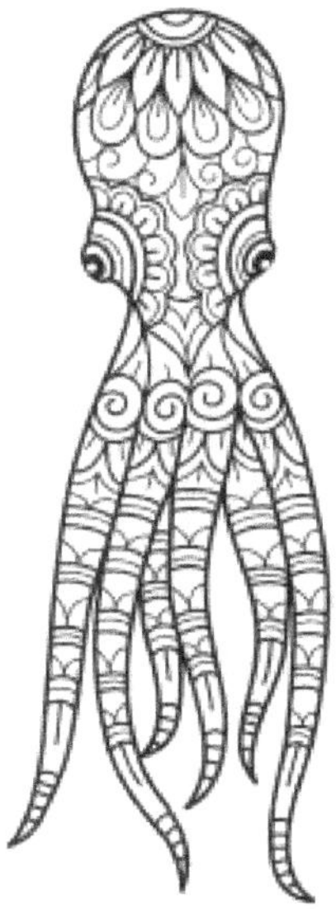
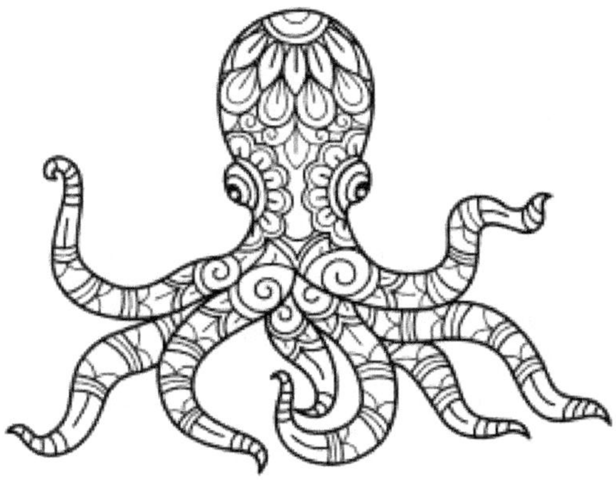
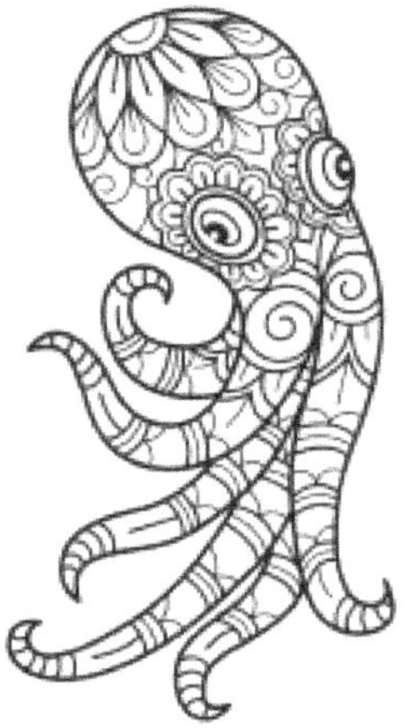
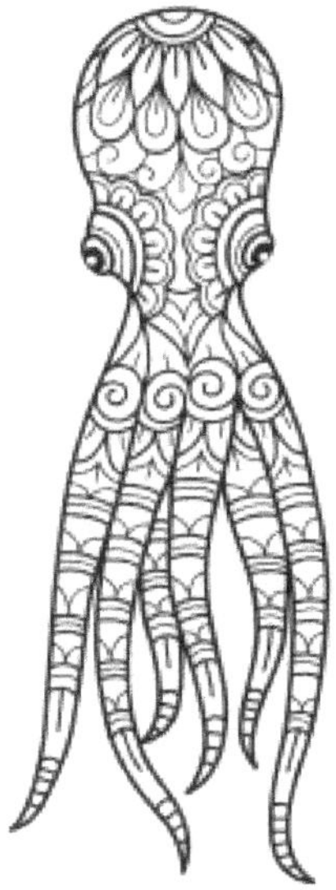
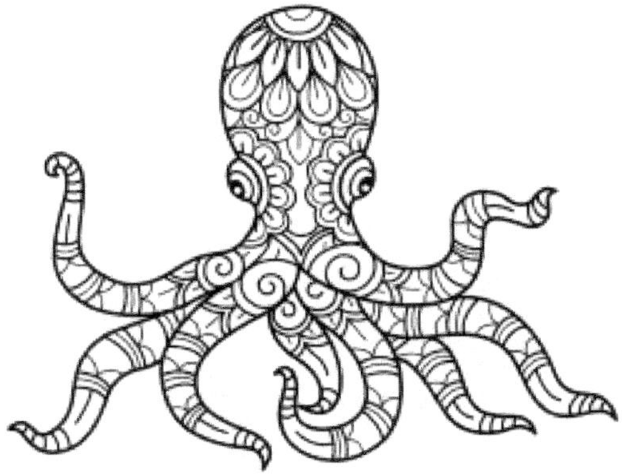

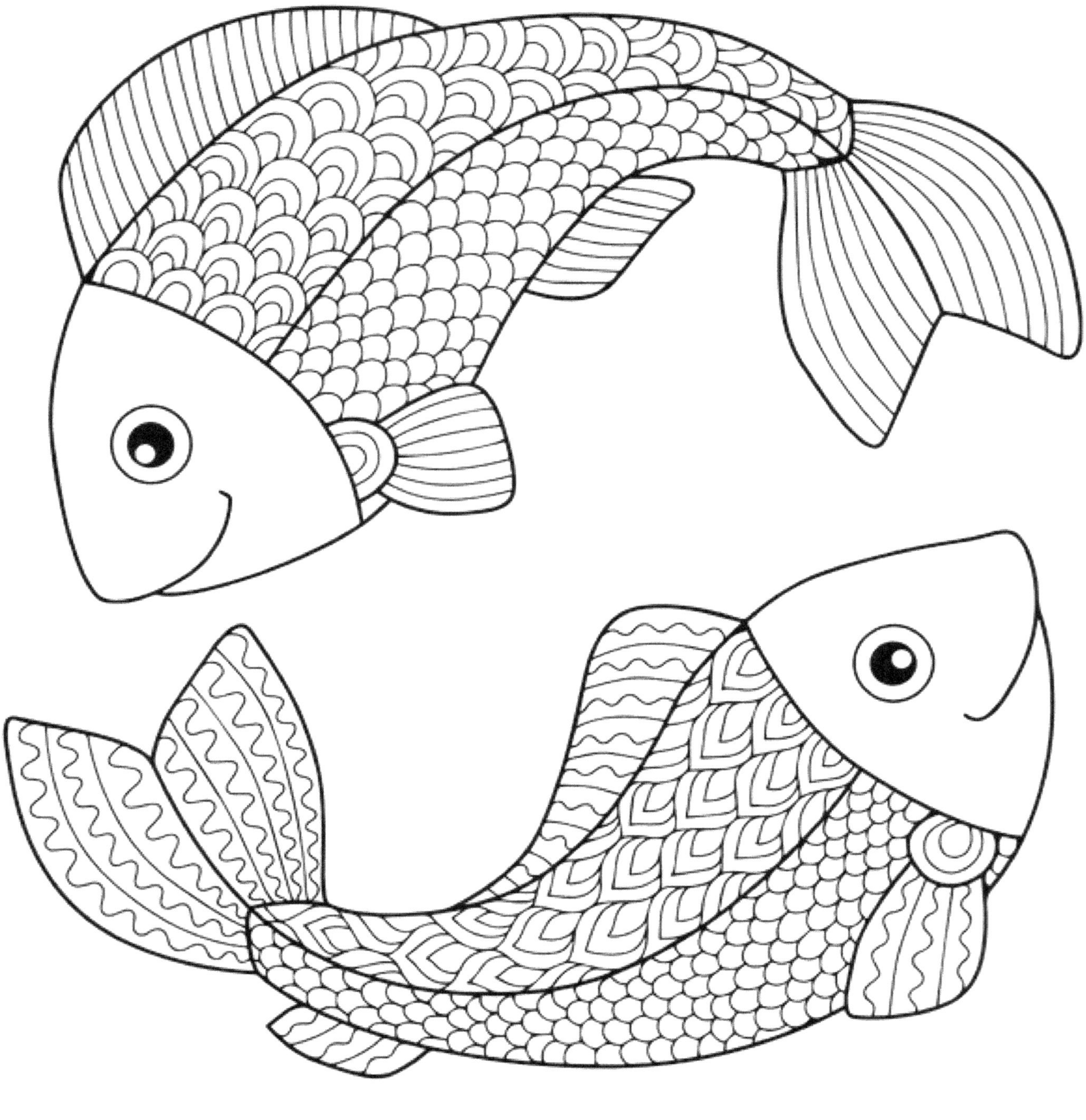

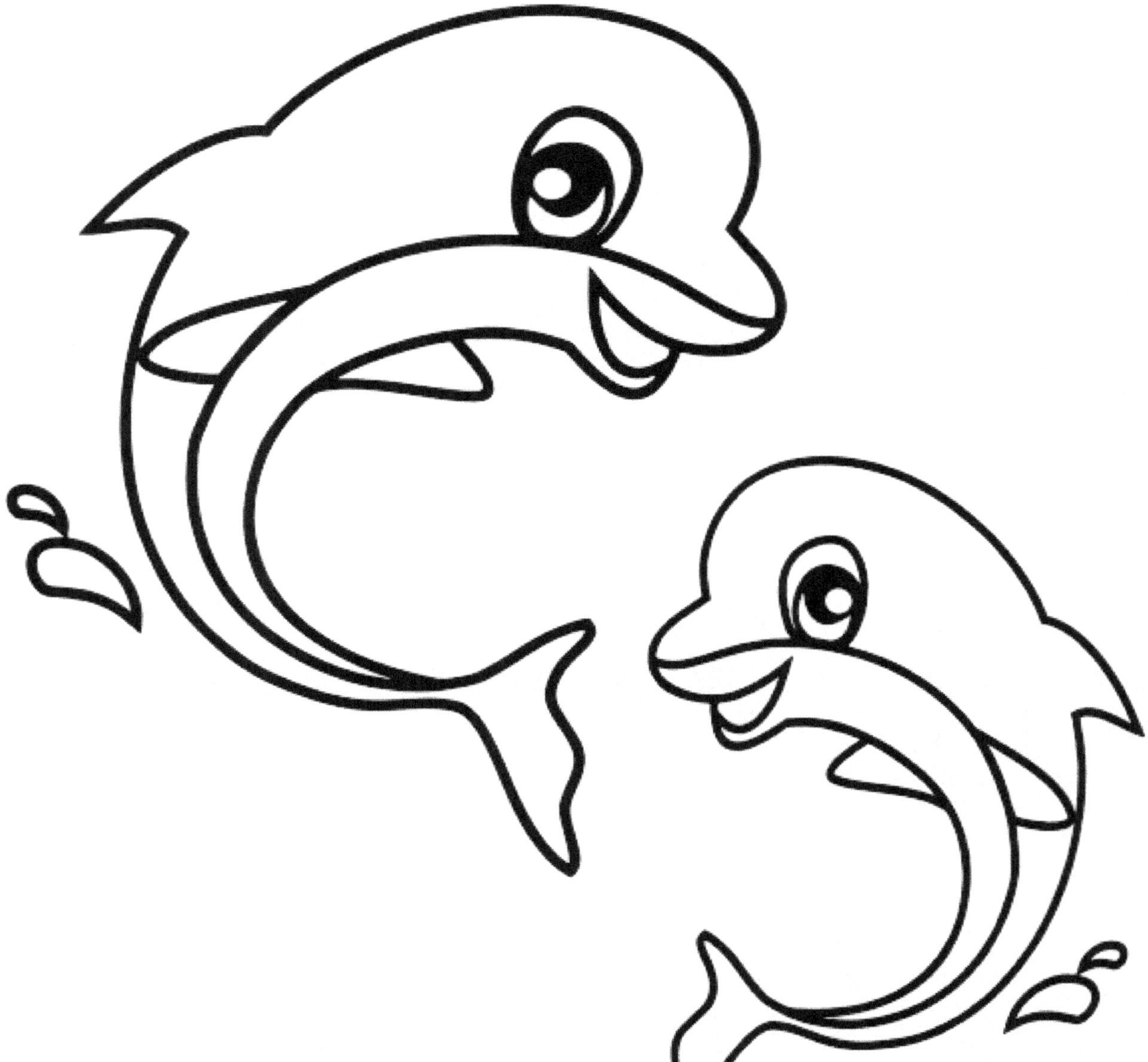

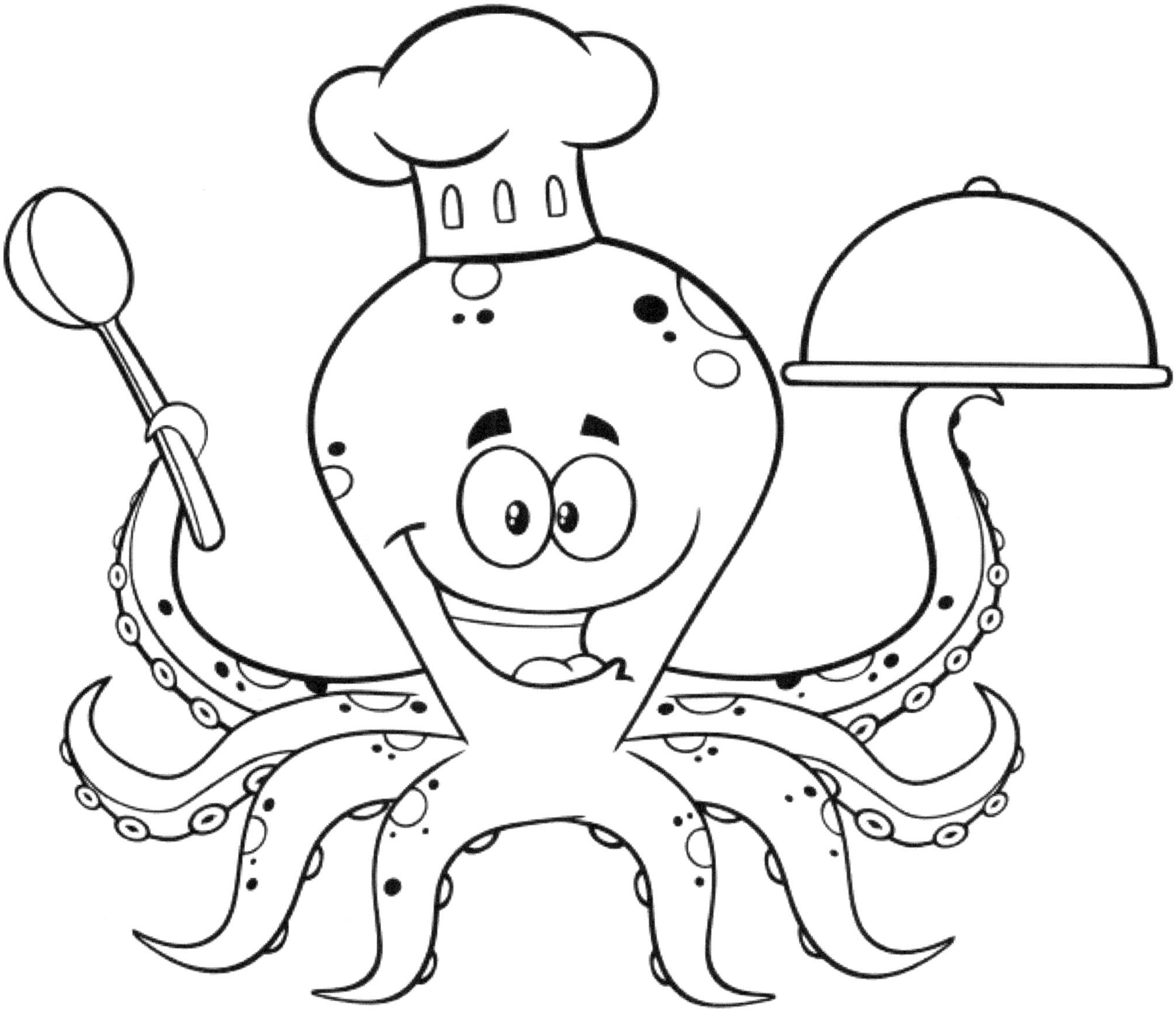

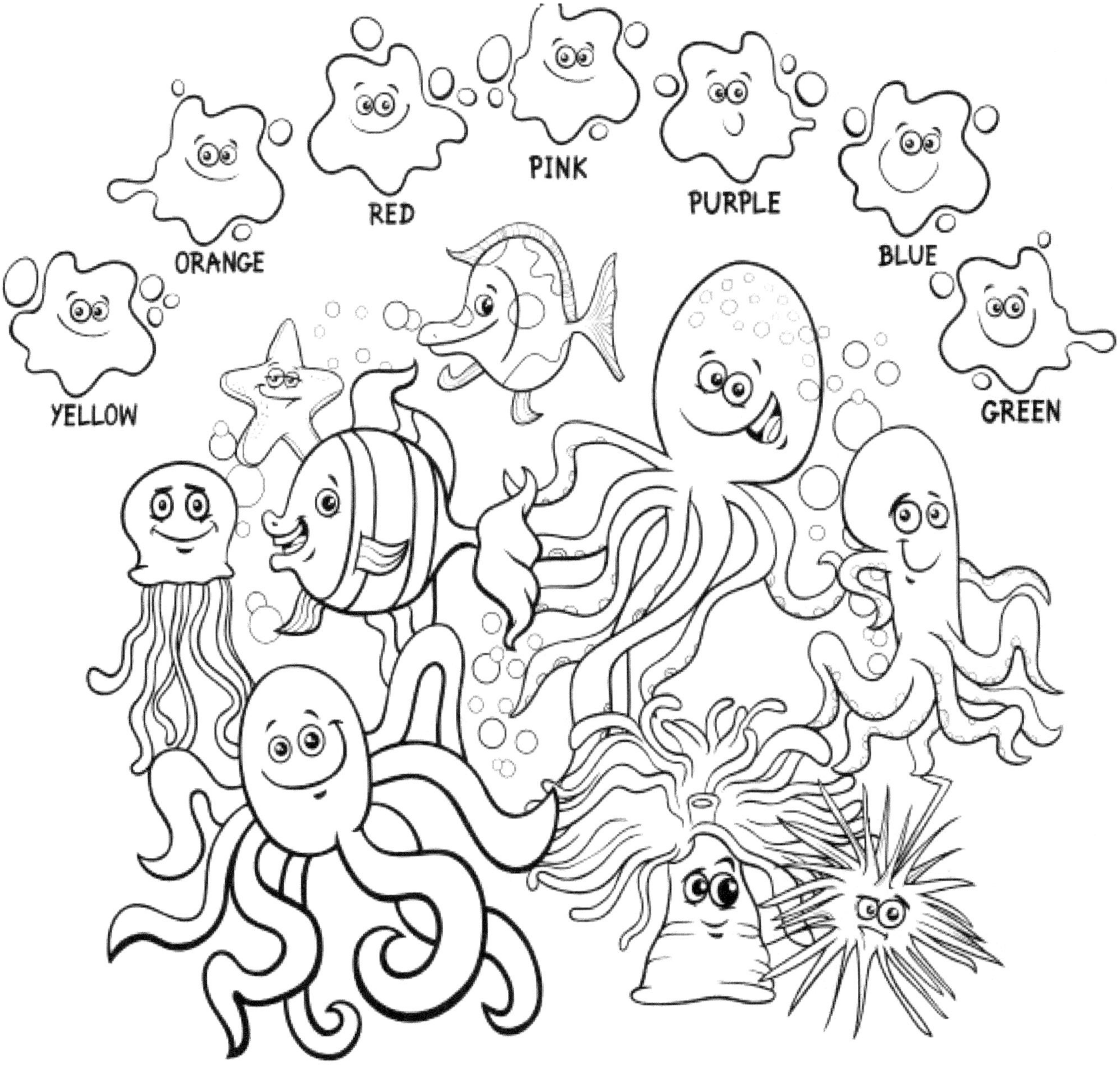
PINK
RED
PURPLE
ORANGE
BLUE
YELLOW
GREEN

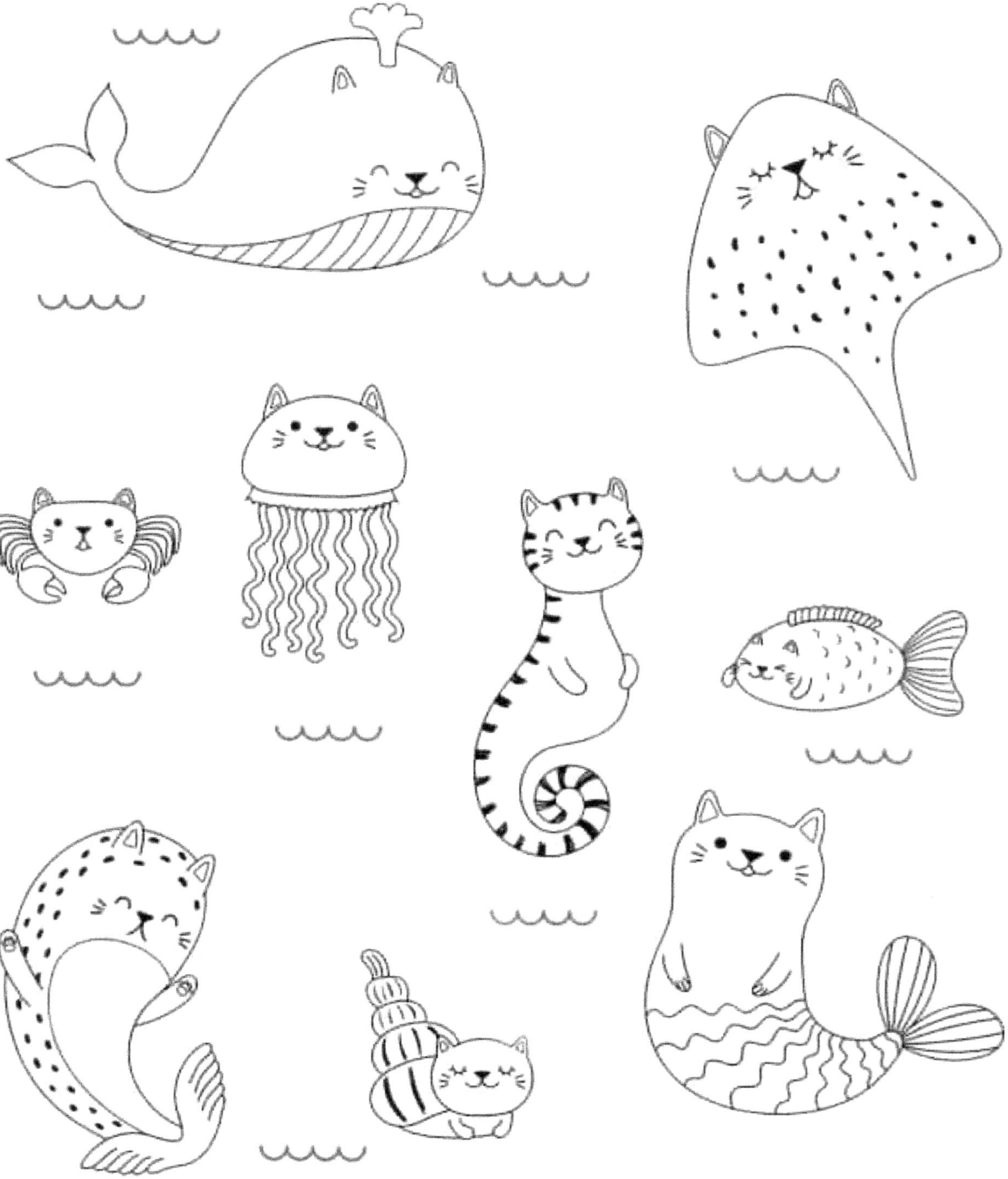

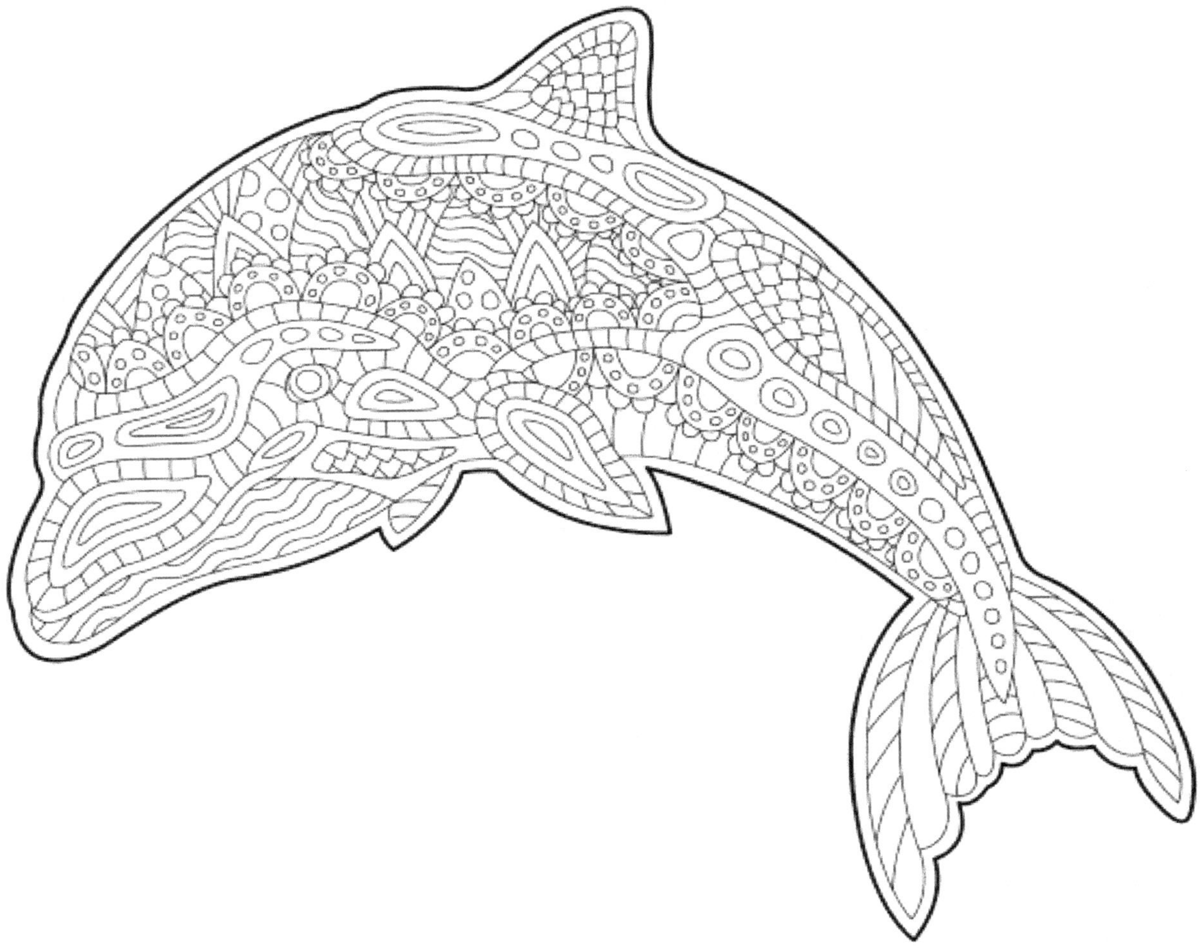

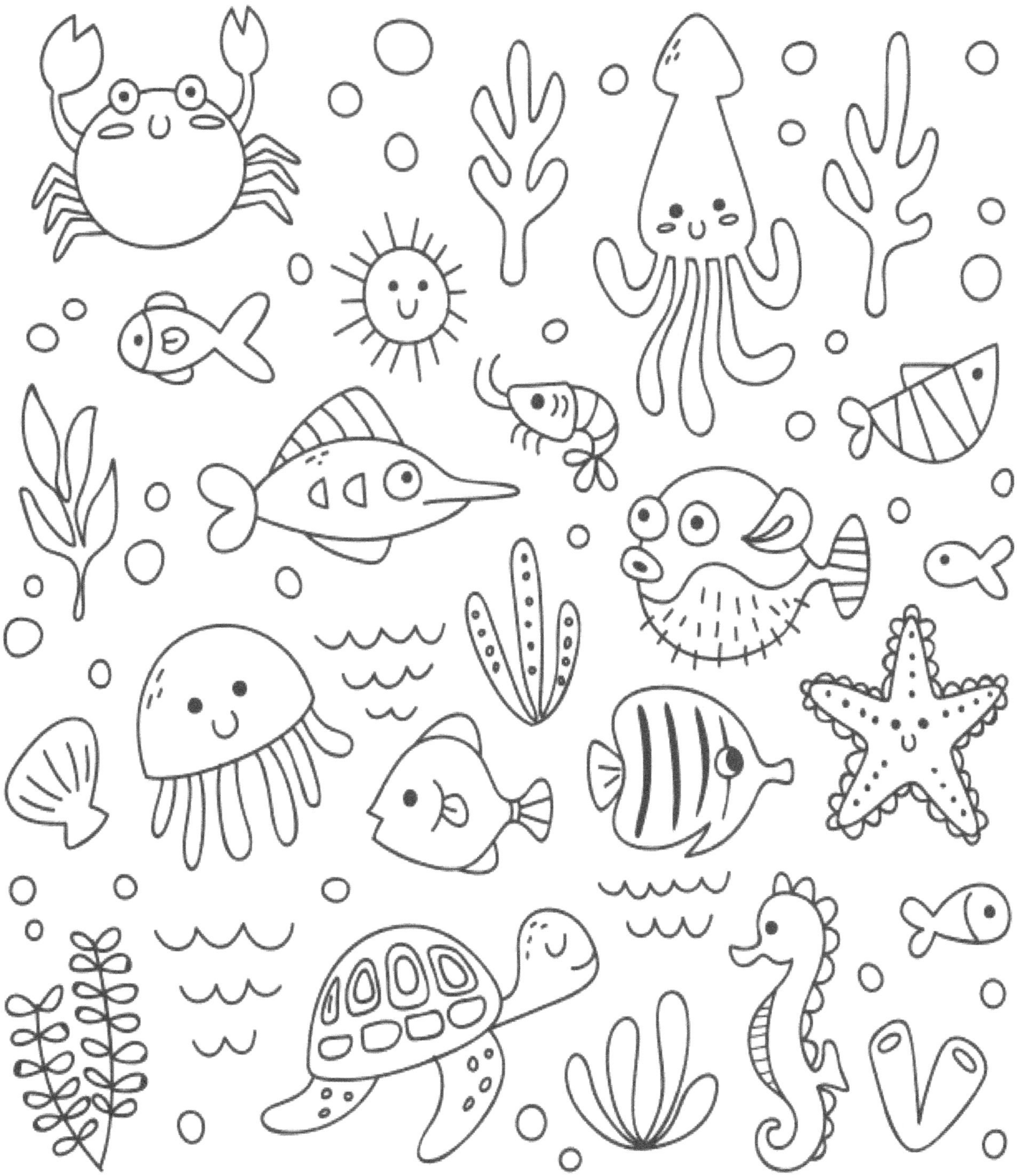

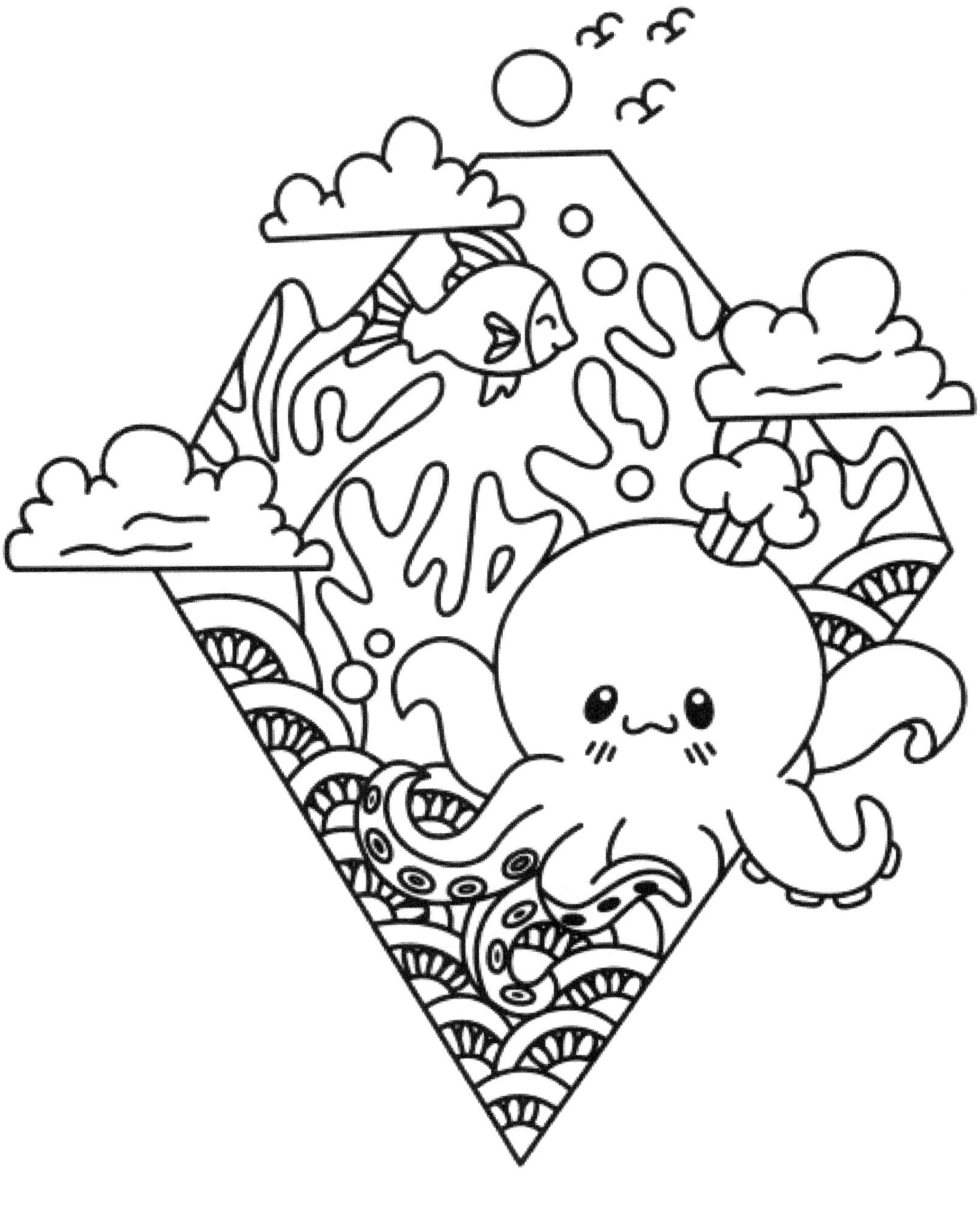

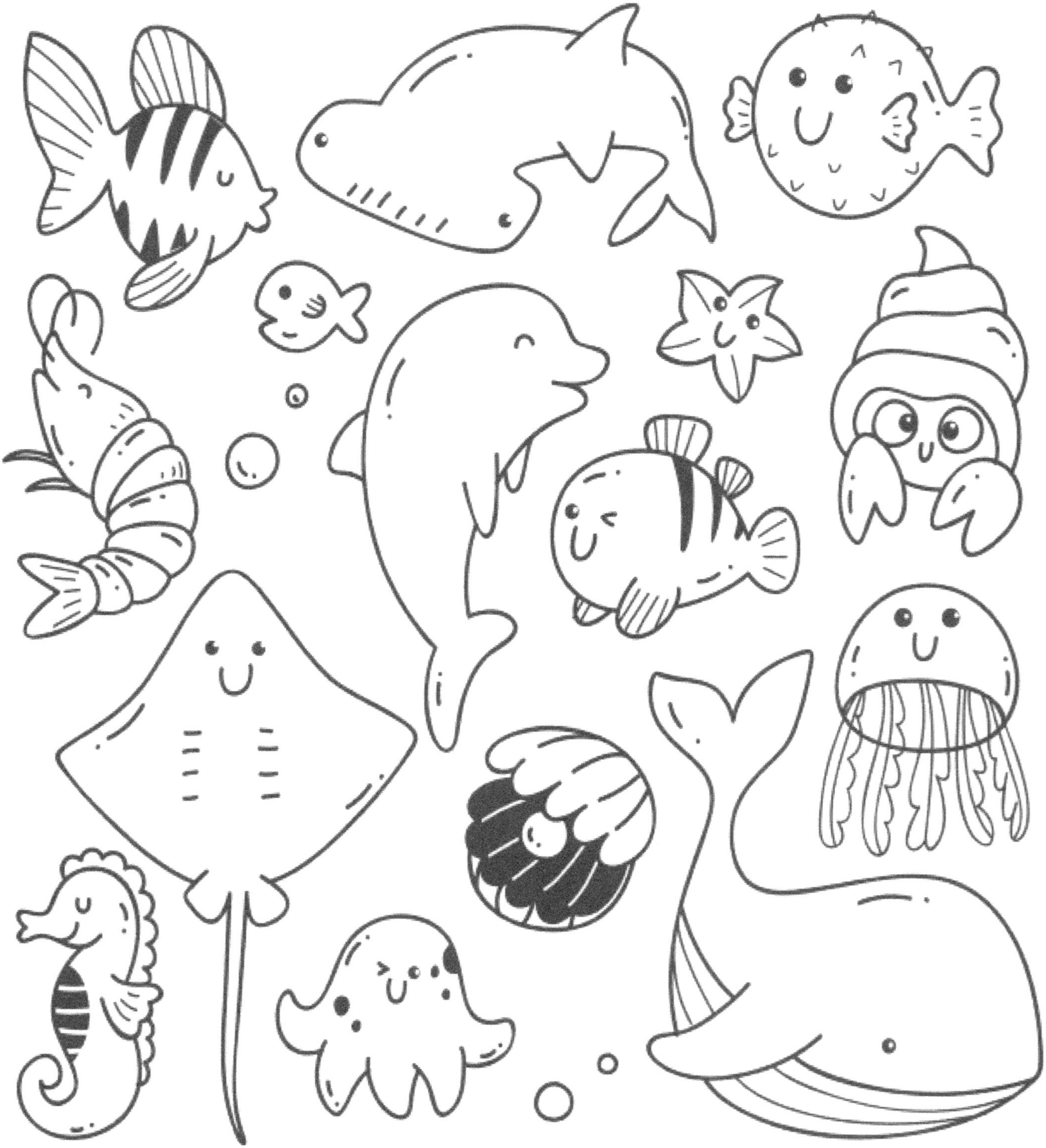

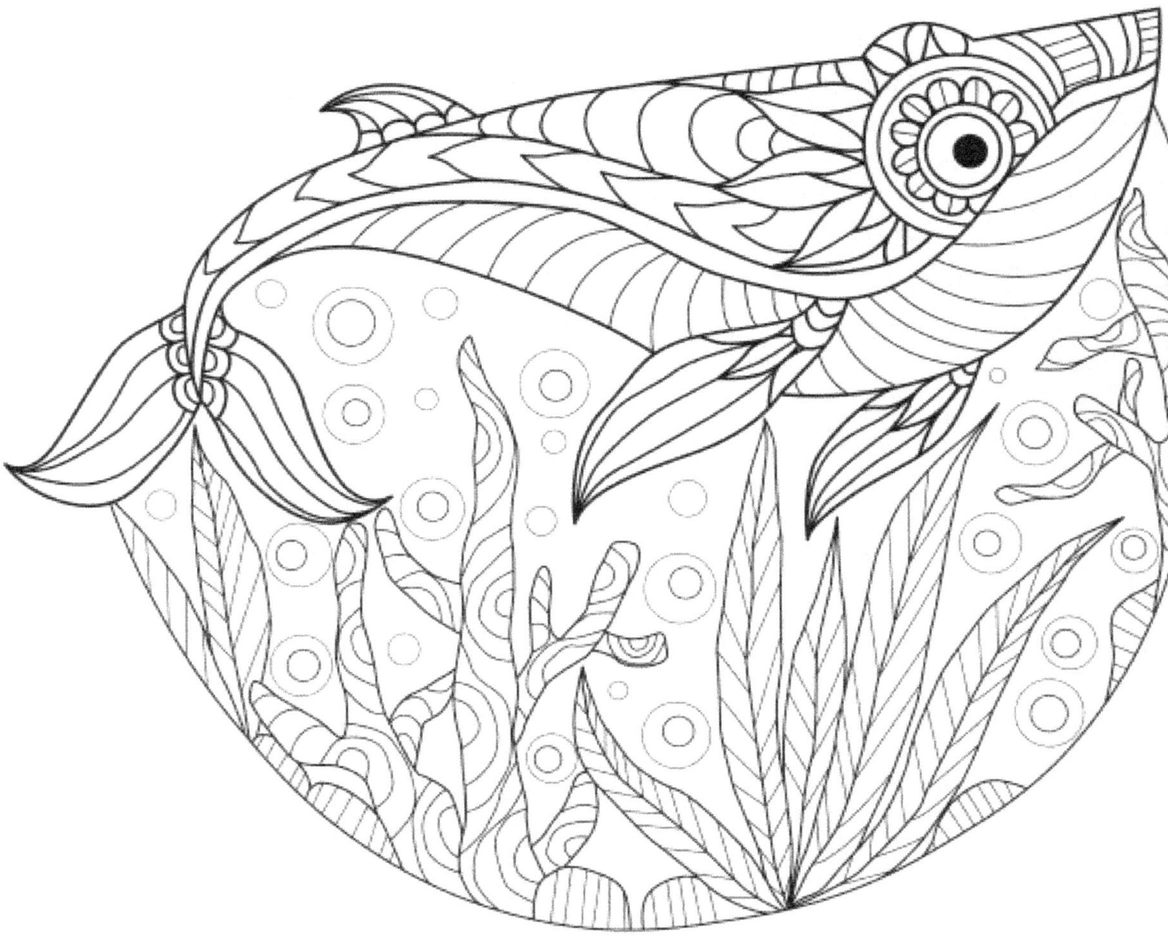

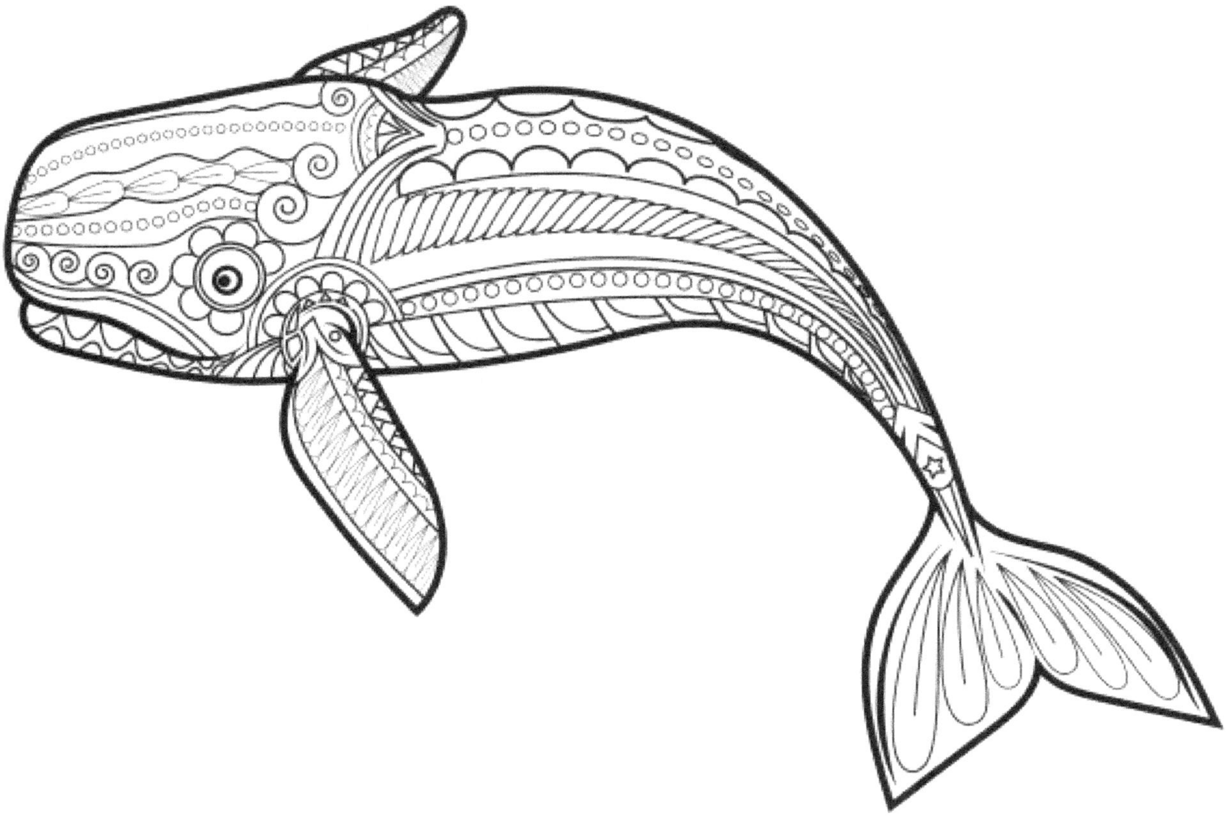

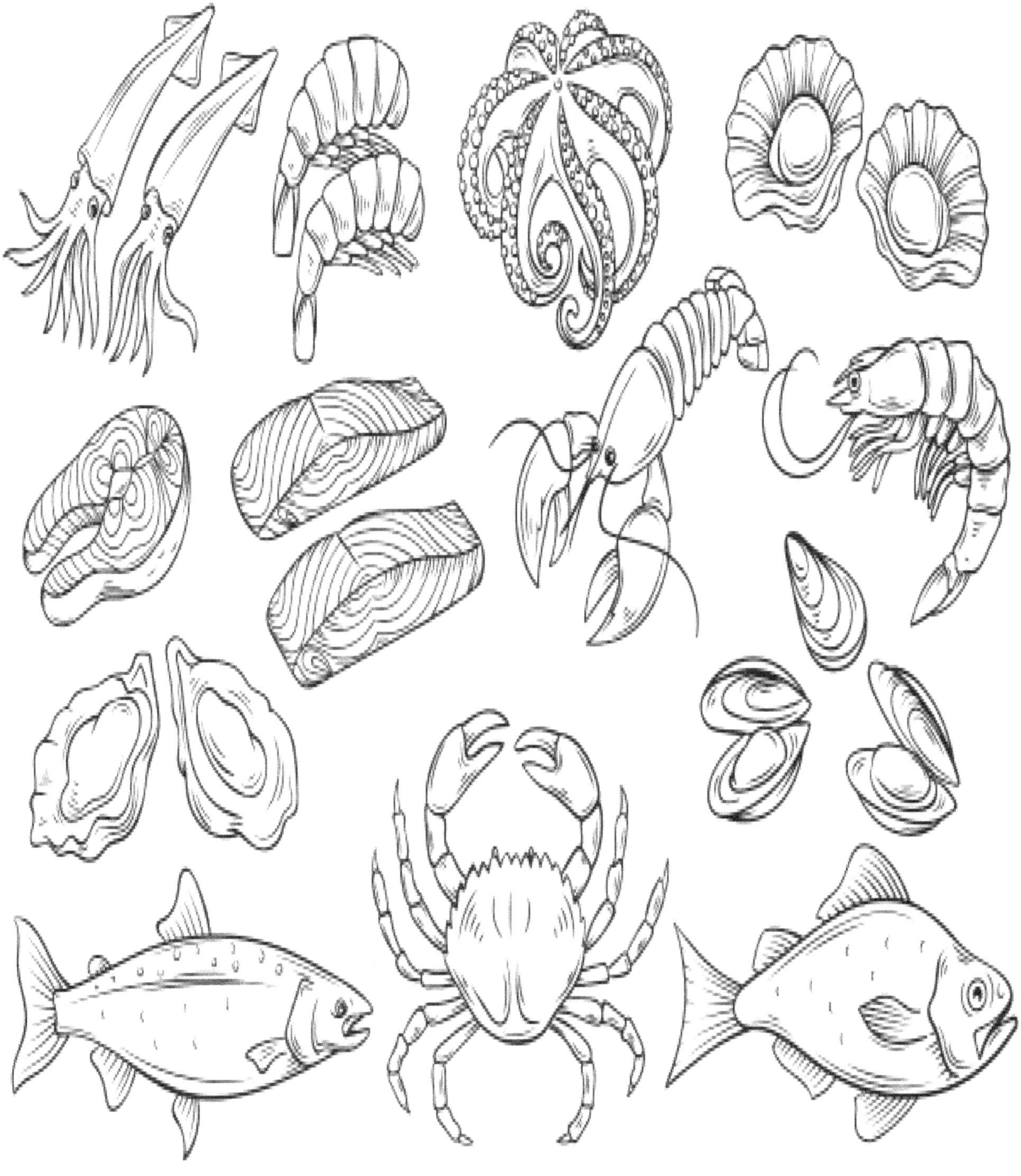

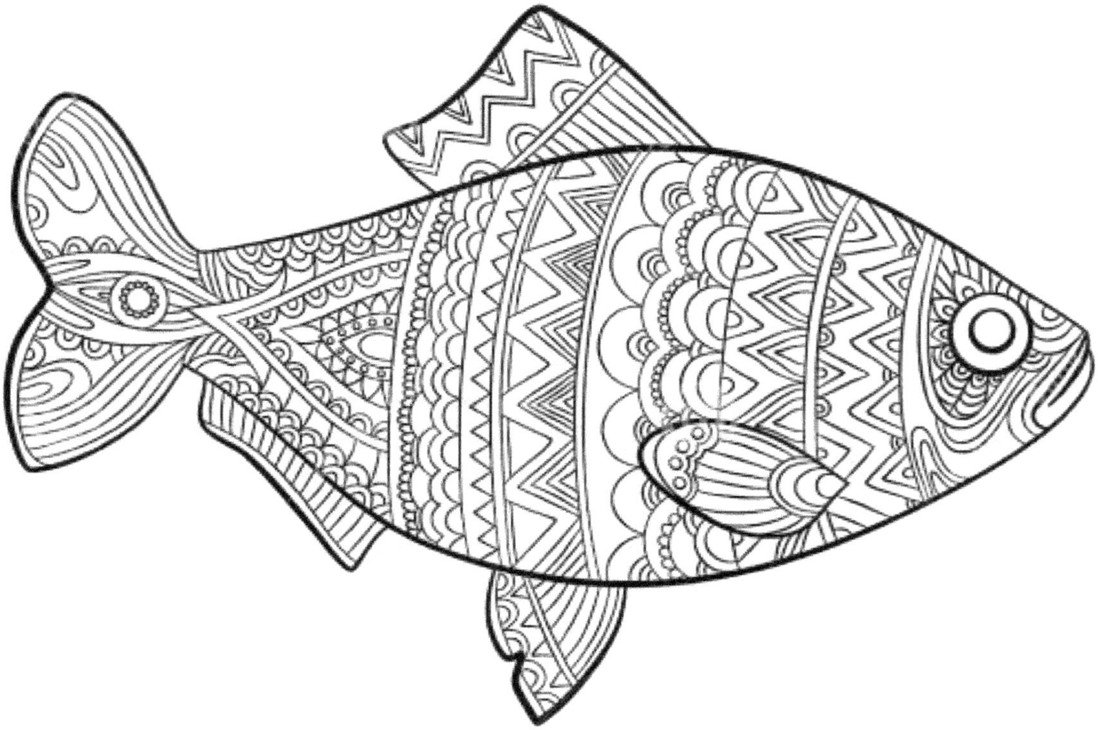

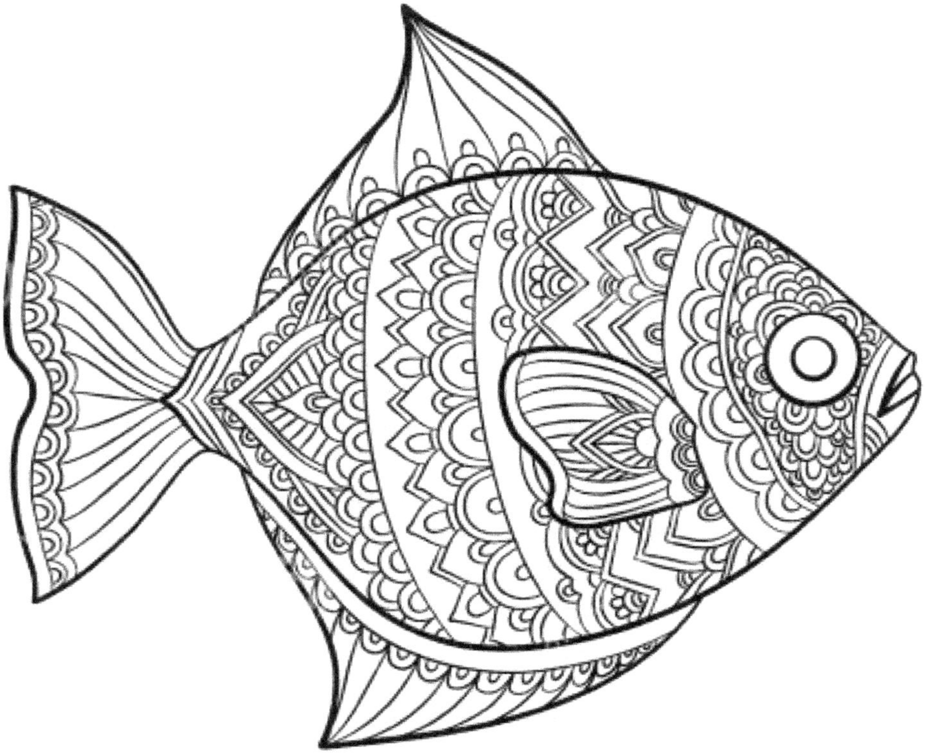

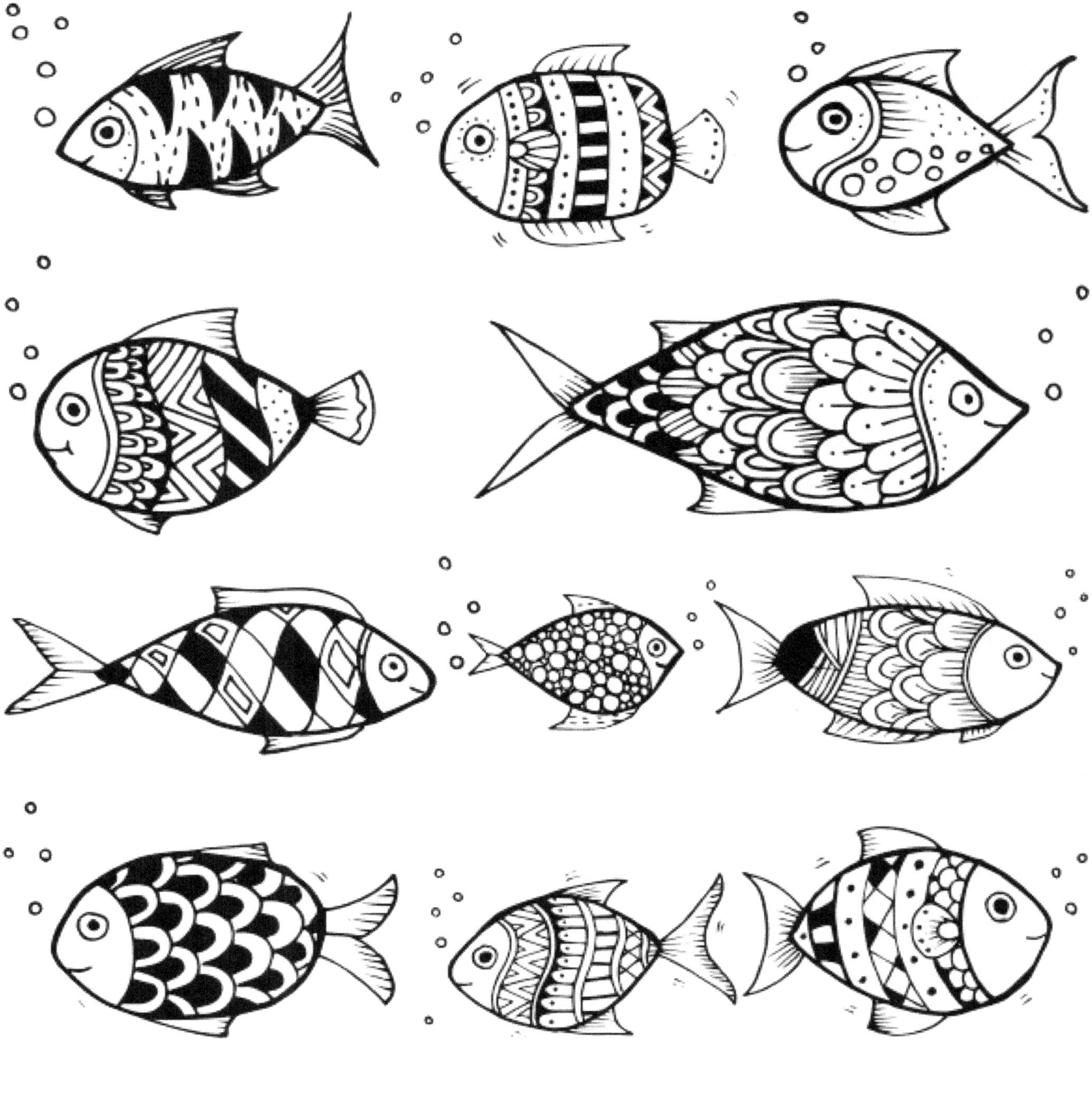

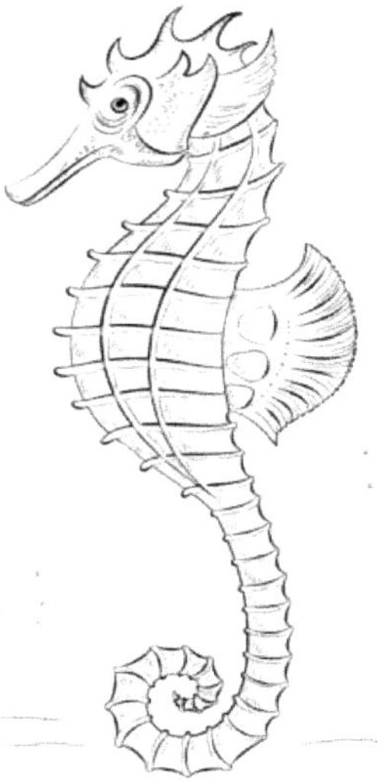

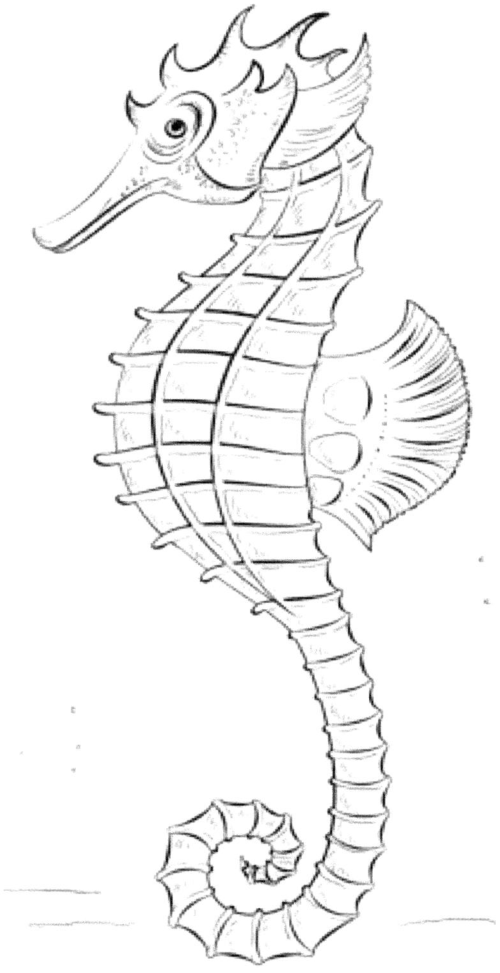

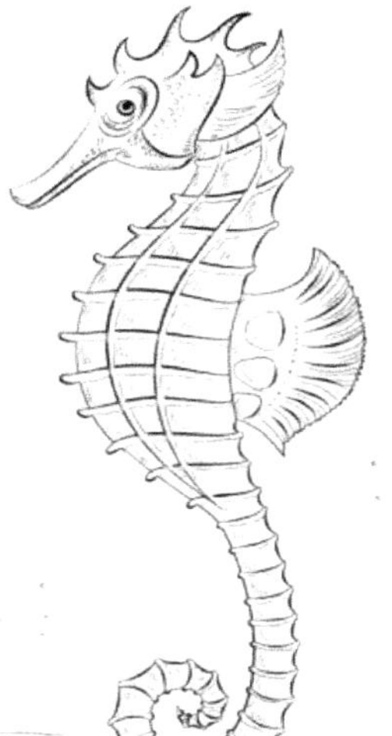

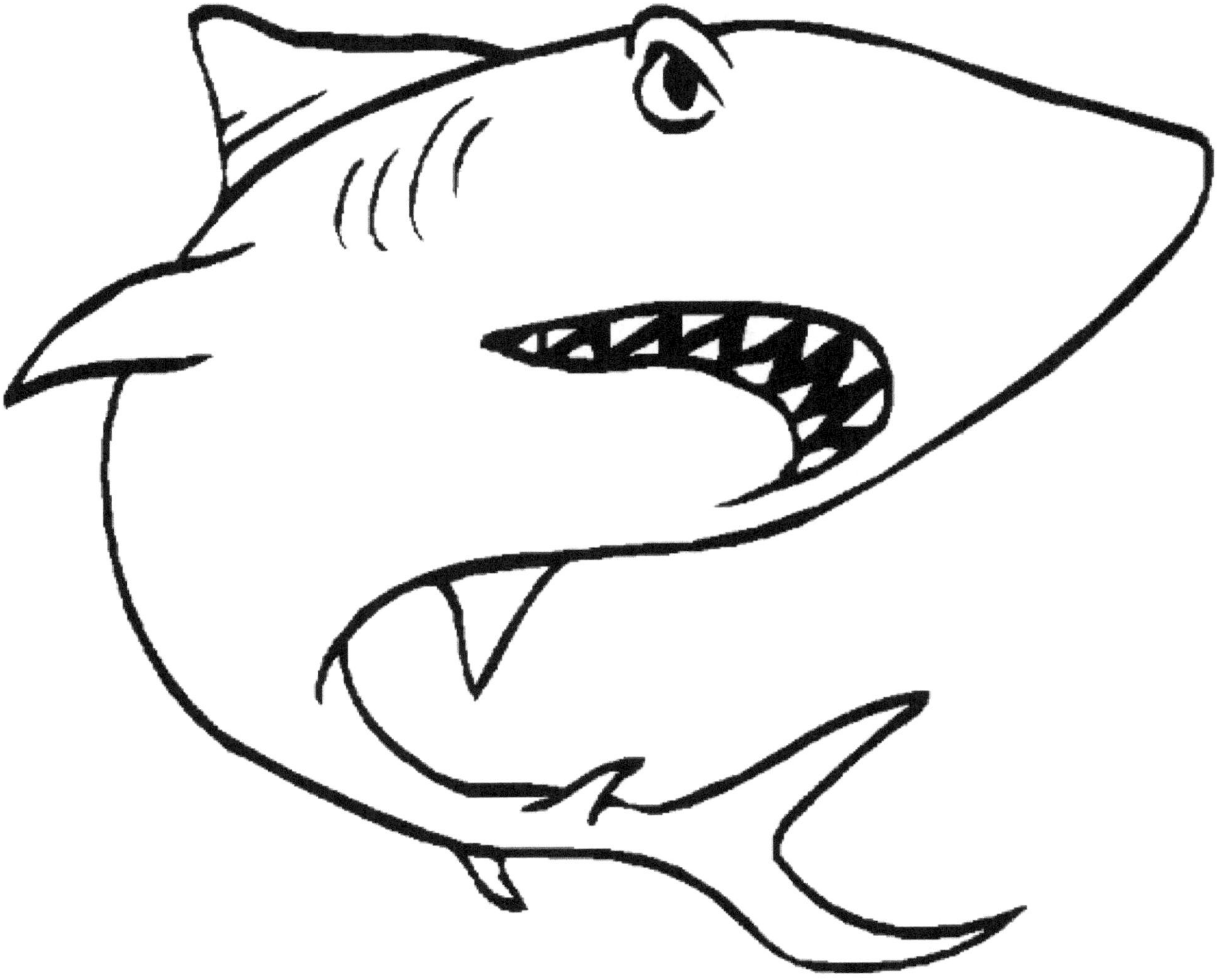

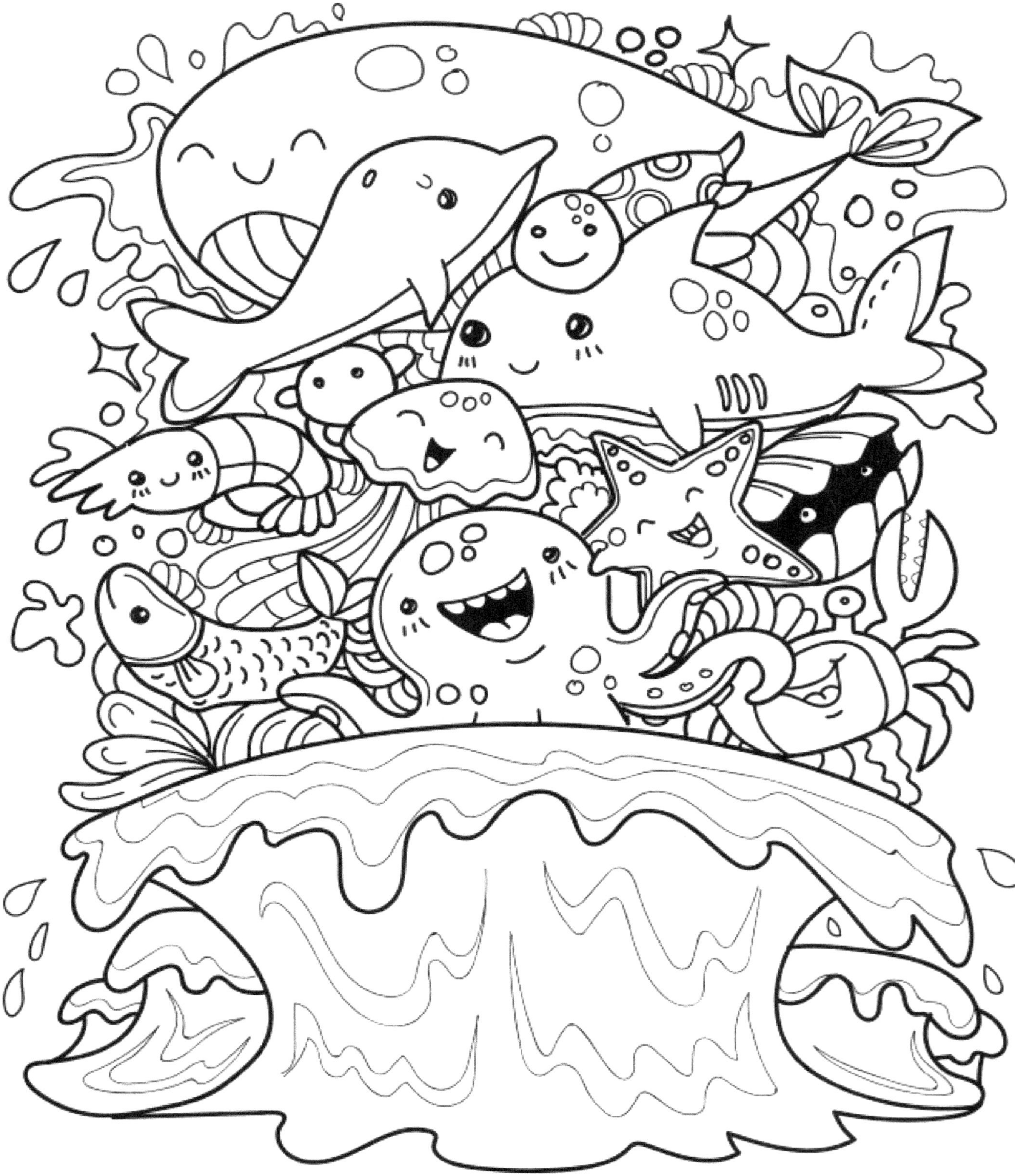

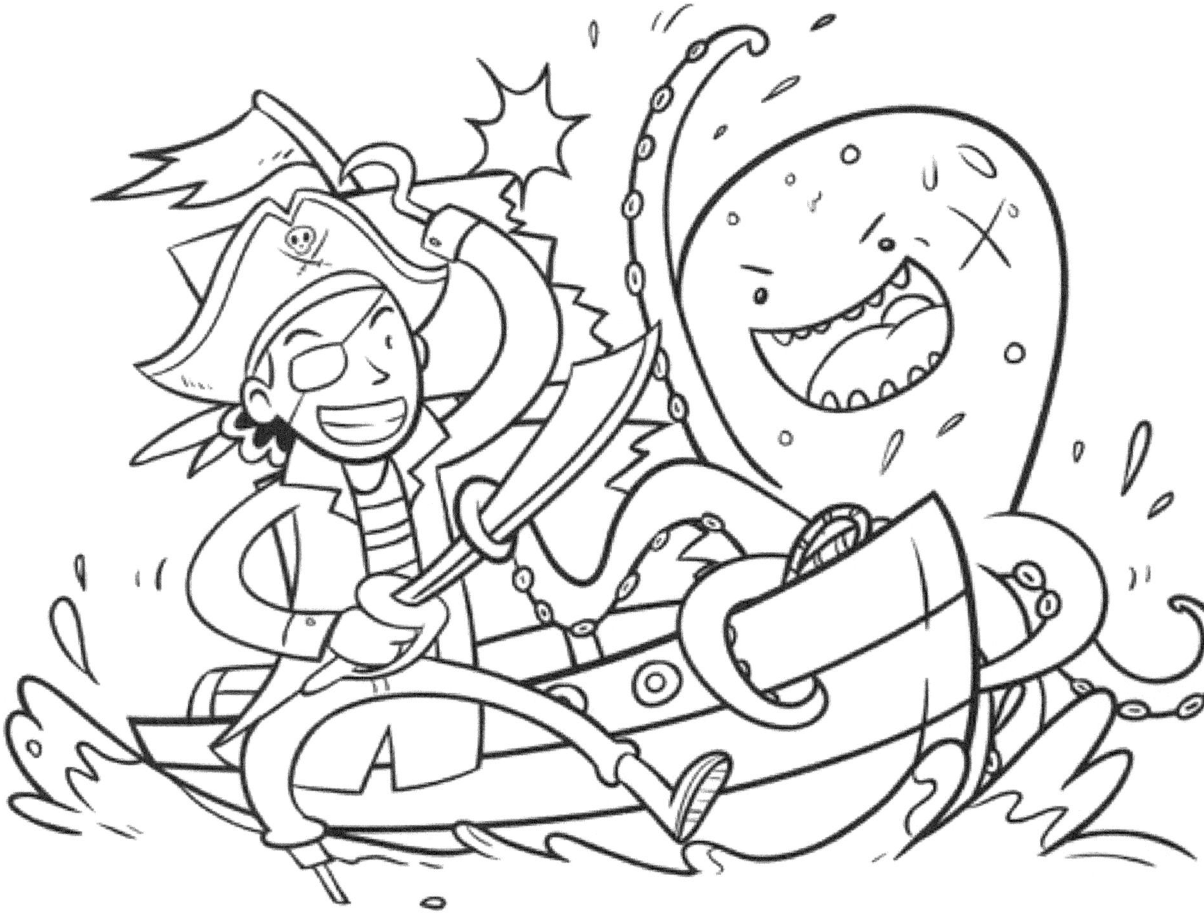

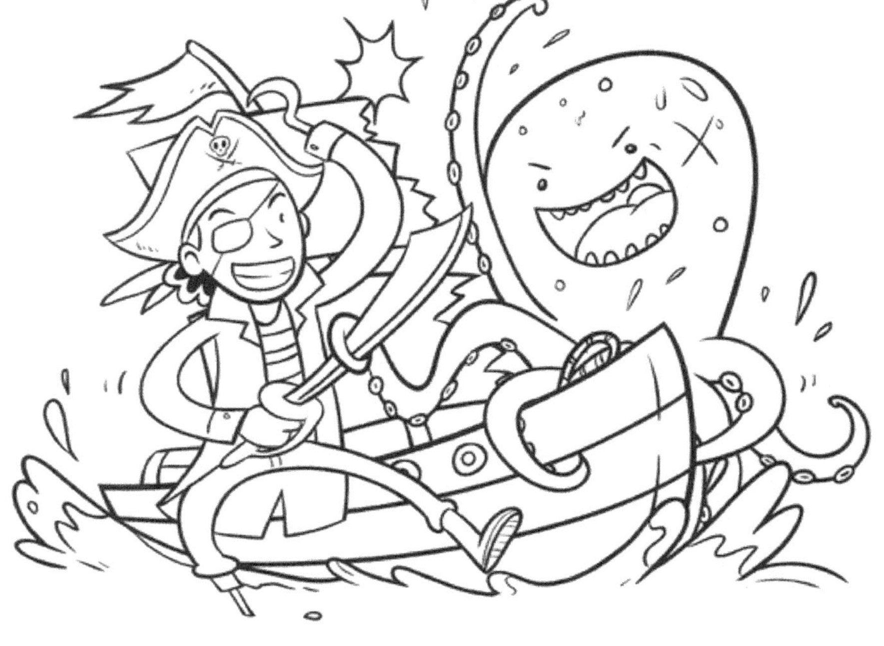

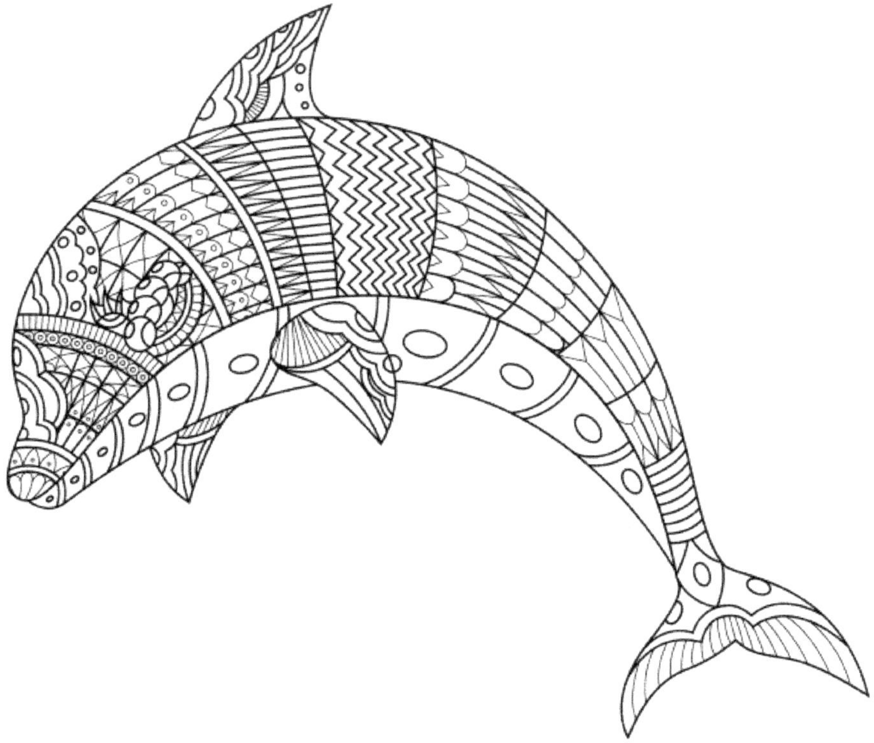

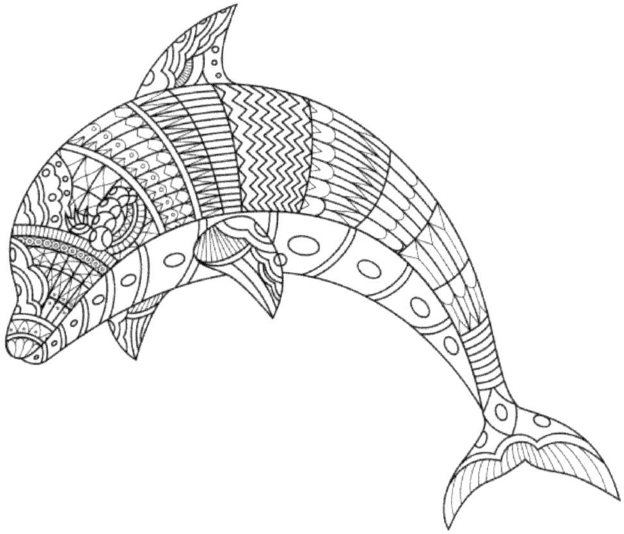

www.ingramcontent.com/pod-product-compliance
Lightning Source LLC
LaVergne TN
LVHW080539060325
805059LV00004B/275
* 9 7 9 8 6 9 2 7 4 1 6 9 1 *